FLUCHTaspekte

Geflüchtete Menschen psychosozial
unterstützen und begleiten

Herausgegeben von

Maximiliane Brandmaier
Barbara Bräutigam
Silke Birgitta Gahleitner
Dorothea Zimmermann

Esther Kleefeldt

Resilienz, Empowerment und Selbstorganisation geflüchteter Menschen

Stärkenorientierte Ansätze und professionelle Unterstützung

Vandenhoeck & Ruprecht

Herzlichen Dank an Anne Büttcher für ihre wertvollen
Rückmeldungen und kritischen Fragen zu diesem Buch.

Mit 3 Abbildungen

Bibliografische Information der Deutschen Nationalbibliothek:
Die Deutsche Nationalbibliothek verzeichnet diese Publikation in der
Deutschen Nationalbibliografie; detaillierte bibliografische Daten sind
im Internet über http://dnb.d-nb.de abrufbar.

Umschlagabbildung: Nadine Scherer

ISBN 978-3-525-45225-7

Reihenredaktion: Silke Strupat
Satz: SchwabScantechnik, Göttingen
Druck und Bindung: ⊕ Hubert & Co. BuchPartner, Göttingen

Printed in the EU

Inhalt

Geleitwort der Reihenherausgeberinnen

Im Bereich traumatischer Belastungen von Resilienz und Stärkenorientierung zu sprechen, ist ein gewagtes Unternehmen. Der Grat zwischen Ressourcenorientierung und der Gefahr, Traumabetroffenen die Verantwortung für ihr Wohlergehen selbst aufzubürden, ist schmal. Esther Kleefeldt gelingt es mit diesem Buch, eine spannende Analyse des Resilienz- und Empowermentskonzepts in Bezug auf die konkrete Arbeit mit Geflüchteten vorzustellen. Vor dem Hintergrund ihrer langjährigen Erfahrung bei XENION, einem psychotherapeutischen Beratungs- und Behandlungszentrum für traumatisierte Flüchtlinge und Überlebende von Folter und anderen schweren Menschenrechtsverletzungen, macht sie deutlich, wie sehr die Wirksamkeit der Resilienzfaktoren von der jeweiligen Lebenssituation abhängt.

Mit viel Respekt für die Dynamik der Traumafolgesymptomatik verfolgt die Autorin konsequent die Frage, wie ein Möglichkeitsraum zur Veränderung und zu posttraumatischen Wachstum behutsam hergestellt werden kann. Ihre Überlegungen bewegen sich dabei eng an salutogenetischen Konzepten und formulieren den »Kohärenzsinn« auf eine Weise, die »Vorwärtsbewegung hin zu einem neuen Gleichgewicht« ermöglicht. Das allerdings ist schwere Arbeit für alle Beteiligten. Zentral ist dafür eine konsequente Haltung des psychosoziale Unterstützungssystems, die in jeder Phase der notwendigen Hilfe die Selbstbestimmung und -wirksamkeit würdigt sowie die Selbstheilungskräfte fördert und als unabdingbare Teile des Prozesses im Blick behält.

Die von Esther Kleefeldt entwickelte »Formel«

Resilienz = (Über-)Lebenswille × (Über-)Lebensfähigkeiten
× (Über-)Lebensmöglichkeiten

lässt keinen Zweifel daran aufkommen, wie stark individuelle Ressourcen in den Kontext von gesellschaftlichen Bedingungen zu stellen sind und welchen wesentlichen Einfluss auf den Prozess der Resilienz die Interaktion mit der Umwelt hat. Folglich sind geflüchtete Menschen zugleich besonders vulnerabel, aber auch besonders resilient – eine »explosive Mischung«, die besondere Ansprüche an die Unterstützer/-innen stellt, einen Raum zu eröffnen, in dem Risiken minimiert und Chancen fachgerecht zur Verfügung gestellt werden müssen.

Wir würden uns freuen, wenn es gelingt, mit diesem Buch den gesellschaftspolitisch verantwortlichen Umgang mit dem Konzept der Resilienz zu fördern und Interessierten zur Verfügung zu stellen.

Dorothea Zimmermann
Silke Birgitta Gahleitner
Maximiliane Brandmaier
Barbara Bräutigam

1 Vorwort

Das Leben ist so: Du wirst hineingeworfen wie in ein kaltes Wasser, ungefragt, ob du willst oder nicht. Du kommst lebend nicht mehr heraus.
Darüber kannst du:
a) unglücklich sein und ersaufen;
b) dich lustlos und frierend so lange über Wasser halten, bis es vorbei ist;
c) einen Sinn suchen und einfordern und dich grämen, wenn er sich nicht zeigt.
Oder du kannst:
d) dich darin voller Freude tummeln wie ein Fisch und sagen: »Ich wollte sowieso ins Wasser, kaltes Wasser ist meine Leidenschaft. Was für ein verdammt schönes Vergnügen, Leute!«
Und das wäre die Kunst, um die es hier geht.

(aus: Janosch, Wörterbuch der Lebenskunst, Gifkendorf 2016, © Janosch/Little Tiger Verlag, Gifkendorf)

Dieser Band handelt von Geflüchteten, die hohen Belastungen und traumatischen Lebensereignissen ausgesetzt waren und sind. Sie sind nicht einfach in kaltes Wasser geworfen worden. Sie sind untergetaucht worden und fast ertrunken. Aber nur fast. Sie haben überlebt und es bis nach Deutschland geschafft. Obwohl es oft uniform ausweglos erscheint, gestaltet sich das kalte Wasser in jeder individuellen Lebensrealität anders. Es stellt keine absolute Größe dar, sondern ein Kontinuum, auf dem sich alle Menschen tummeln. Das heißt nicht, dass die ungerecht verteilten Ausgangsbedingungen und von Menschen verursachten traumatischen Lebensereignisse hingenommen werden müssen oder sollten, sondern eben das genaue Gegenteil: Es gibt einen Gestaltungsspielraum, der genutzt werden kann – trotz alledem. Und das wäre das Thema, um das es hier geht.

2 Traumatische Lebensereignisse und ihre Folgen

2.1 Traumatisch oder traumatisierend?

Der Begriff Trauma stammt aus dem Griechischen. Er bedeutet Wunde. Ein psychisches Trauma ist also eine Wunde an der Seele. Nimmt man die Wundenanalogie als Grundlage, so kann man davon ausgehen, dass die Seele durch Ereignisse verletzt wird, die das Ertragbare, Verkraftbare übersteigen. Dann ist da eine Wunde, die Schmerz und Leid erzeugt. Die Seele besitzt wie der Körper Selbstheilungskräfte. Eine seelische Wunde kann heilen und tut dies auch im Normalfall. Hierfür benötigt sie jedoch gute Bedingungen: Ruhe, Sicherheit, soziale Unterstützung, unter Umständen professionelle Unterstützung. Liegen diese Bedingungen nicht vor, so findet keine Heilung statt. Die Wunde bleibt offen, schmerzt, wird vielleicht sogar größer und beeinträchtigt das Leben oft gravierend. Gelingt die Heilung jedoch, bleibt eine Narbe an der Seele. Diese verblasst mit den Jahren, vergeht aber nicht. Die Seele ist nie mehr dieselbe wie vor der Verletzung. Mit der Narbe kann man aber leben. Die meiste Zeit denkt man nicht an sie. Nur wenn der Blick zufällig auf sie fällt, wird man an ihre Geschichte erinnert. Vielleicht schmerzt sie auch bei Wetterumschwüngen etwas. Sie schränkt das Leben jedoch nicht mehr ein und verursacht kein Leid in der Gegenwart.

Trotz der eindeutigen Wortbedeutung ist psychisches Trauma ein in Praxis und Theorie schwer zu definierendes Konzept (Mlodoch, 2017). Unklar ist beispielsweise, ob mit

Trauma das Ereignis oder die Folgen oder mal das eine,
mal das andere bezeichnet werden. Nach der ursprünglichen Wortbedeutung ist die Wunde die Folge des Ereignisses. Oft wird jedoch davon gesprochen, ein Trauma
erlebt zu haben, gemeint ist dann das Ereignis. Korrekter-
weise müsste man stets klar »zwischen traumatischer Situation, Trauma und Traumasymptomen unterscheiden«
(Becker, 2014, S. 108).

Strittig ist auch, was als traumatisches Ereignis gelten kann oder sollte und was nicht. Papadopoulos (2006)
beschreibt »adversity« (Widrigkeit), wie er es nennt, wie
eine Krise, ein Ereignis oder Zustand, der instabil ist und
Lebenspläne und Vorhaben abrupt beendet. Betroffene
haben das Gefühl, dass dies das Ende ihres Lebens ist,
sehen keine Möglichkeit, weiterzuleben. Nach derartigen
Ereignissen kann das Leben nicht mehr so sein wie früher. Es besteht das Risiko, krank zu werden und daran zu
zerbrechen. Es besteht aber auch die Chance, daran zu
wachsen, über sich hinauszuwachsen (siehe Kapitel 3.3
zum posttraumatischen Wachstum). Was genau ist es
aber, das traumatische von belastenden Lebensereignissen
unterscheidet? Welches Ausmaß muss eine Belastung an-
nehmen, um als traumatisches Ereignis zu gelten? Auch
die diagnostischen Manuale ICD (International Statistical
Classification of Diseases and Related Health Problems)
und DSM (Diagnostic and Statistical Manual of Mental
Disorders) tun sich da schwer und haben ihre Definitionen jeweils vom DSM-IV (American Psychiatric Association, 1994) zum DSM-5 (American Psychiatric Association, 2013) und auch vom ICD-10 (World Health
Organisation, 1993) zum ICD-11 (World Health Organisation, in Vorbereitung) verändert. Im aktuellen DSM-5 lau-
tet die Definition: »Die Person war mit einem der folgenden Ereignissen konfrontiert: Tod, tödlicher Bedrohung,
schwerer Verletzung, angedrohter schwerer Verletzung,

sexueller Gewalt, angedrohter sexueller Gewalt, und zwar in einer der nachfolgenden Weisen (mindestens eine): Direkt ausgesetzt, als Augenzeuge, indirekt; erfahren, dass ein naher Verwandter oder ein Freund einem traumatischen Ereignis ausgesetzt war. Wenn dieses Ereignis ein Todesfall oder eine tödliche Bedrohung war, dann musste dieser bzw. diese die Folge von Gewalt oder eines Unfalles gewesen sein, Konfrontation mit Details von traumatischen Ereignissen (z. B. als Ersthelfer, Polizist …).« Der ICD-10 spricht von »einem belastenden Ereignis oder einer Situation kürzerer oder längerer Dauer, mit außergewöhnlicher Bedrohung oder katastrophenartigem Ausmaß, die bei fast jedem eine tiefe Verzweiflung hervorrufen würde«.

Einerseits umfassen Definitionen traumatischer Ereignisse eine Vielzahl von Ereignissen. Andererseits bergen sie die Gefahr, Betroffene als homogene Gruppe zu betrachten (Papadopoulos, 2006). Sie verleiten dazu, davon auszugehen, dass ein und dasselbe Ereignis bei unterschiedlichen Personen zu denselben Konsequenzen führt oder auf traumatische Ereignisse aller Art stets mit ähnlichen Symptomen reagiert wird. Das ist nicht der Fall. Jeder Mensch nimmt Ereignisse auf einzigartige Weise wahr, interpretiert sie auf seine Weise und reagiert darauf individuell. Traumatische Erlebnisse, so schwerwiegend sie auch sind, stellen immer nur einen Faktor unter vielen dar, die über die Konsequenzen bestimmen. Ereignisse können nicht von vornherein als traumatisch oder nicht traumatisch bezeichnet werden. Dies würde die pathologische Interpretation, dass alle von ihnen Betroffenen traumatisiert sind, gleich mit beinhalten. Stattdessen sollte besser von potenziell traumatisierenden Ereignissen (PTE) gesprochen werden (Bonanno, Westphal u. Mancini, 2011), die in Abhängigkeit von anderen Faktoren zu negativen Traumafolgen führen können, aber nicht müssen.[1] Es gibt daher keine einfache Dichotomie zwischen traumaauslösenden Ereignissen und solchen, die dies nicht tun (sollten). Traumafolgen sind immer eine komplexe Funktion multipler traumatischer und nicht traumatischer Lebensereignisse und anderer Faktoren.

Ein sehr wichtiger Faktor ist die Flucht. Flucht ist immer ein einschneidendes Lebensereignis, oft traumatischer Art. Aber nicht jeder Geflüchtete leidet unter Traumafolgesymptomen und entwickelt eine Posttraumatische Belastungsstörung oder eine andere Traumafolgestörung. Psychische Reaktionen und Arten des Umgangs variieren enorm. So entsteht meist ein Gefühl der eklatanten Überforderung bei gleichzeitiger Anpassung an die neuen Lebensbedingungen. Pathologische Reaktionen sind nur eine von vielen möglichen Entwicklungen, die Geflüchtete im Exilland nehmen können.

Sollte Trauma als seelische Wunde dann überhaupt am Ereignis festgemacht werden? Wenn sowieso keine interindividuelle Vergleichbarkeit hergestellt werden kann, würde es dann nicht genügen, ausschließlich die Auswirkungen zu betrachten? In der Praxis macht es tatsächlich Sinn, mit Trauma als Folgen zu arbeiten. Denn es sind die Folgen, mit denen Geflüchtete zu uns kommen. »Trauma« sollte auch kein Etikett sein, das für alle Zeiten an einer Person klebt und diese charakterisiert. Es ist die normale Folge von unnormalen Ereignissen in der Vergangenheit und als solche veränderbar. Menschen »sind« nicht ein und für alle Mal traumatisiert, sondern sie leiden unter Traumafolgesymptomen, die mit der Zeit ab- oder zunehmen, sich verändern und ganz verschwinden kön-

---

1   Der besseren Lesbarkeit halber halte ich mich nicht an diese Formulierung, sondern spreche von traumatischen Ereignissen/Erlebnissen, negativen Lebensereignissen, Belastungen, Stress etc. Gemeint sind aber immer potenziell traumatisierende Ereignisse.

nen. Traumatische Ereignisse in der Vergangenheit bleiben als Erinnerung, kontrollieren aber nicht Gegenwart und Zukunft. Viele andere Faktoren tragen dazu bei, wie das Leben verläuft. Hierbei sollten Traumaerfahrungen und -folgen weder negiert noch kleingeredet werden. Vielmehr sollte ihnen ein sinnvoller, »gesunder« Platz im komplexen Gefüge zugewiesen werden.

Traumatisierende Lebensereignisse sind meist so überwältigend, dass sie zunächst zu einer Desorientierung führen, die eine umfassende Neuorganisation und Neuorientierung erforderlich macht. Neuorganisation und Neuorientierung können in Form von Traumafolgesymptomen stattfinden. Sie können aber auch auf vielfältige andere Arten und Weisen durchgeführt werden. Diese werden in den folgenden Abschnitten und Kapiteln beschrieben.

2.2 Negative, neutrale und positive Folgen traumatischer Erlebnisse

Viele Geflüchtete bringen multiple Erfahrungen von Gewalt und Verlust mit, sequenzielle und kumulative Traumatisierungen (Keilson, 1979). Diese führen oft zu großer Trauer und Traumafolgesymptomen, nicht jedoch notwendigerweise zu psychischen oder körperlichen Erkrankungen. Schon seit Jahren ist gut belegt, dass die Mehrzahl derjenigen Menschen, die traumatischen oder lebensbedrohlichen Ereignissen ausgesetzt waren, keine Traumafolgestörung entwickelt (z. B. Rosner, Powell u. Butollo, 2003; Bonanno, 2004; Schweitzer, Greenslade u. Kagee, 2007; Bonanno, Westphal u. Mancini, 2011). Ein Großteil ihrer gesunden »Funktionsfähigkeit« bleibt erhalten (Papadopoulos, 2006).

Wenn keine Erkrankungen entstehen, welche Konsequenzen haben traumatische Ereignisse dann? Papadopoulos (2006) postuliert in seinem »trauma grid« drei

mögliche Folgen von traumatischen Erlebnissen: positive, negative oder neutrale. Die positiven bezeichnet er
als »adversity-activated development«. Ich spreche hier
im Text von posttraumatischem Wachstum, da dies der
verbreitetere und bekanntere Begriff ist (Näheres, auch
Kritisches zum Konzept des posttraumatischen Wachs-
tums in Kapitel 3.3). Negative Folgen sind langfristige
psychische Verletzungen und Leiden, die zu psychischen
Störungen führen können. Neutrale Folgen manifestieren sich in Form von Resilienz. (Das Konzept Resilienz
wird in den folgenden Kapiteln ausführlich erläutert.)
Ein passendes lineares Traumafolgenmodell hierzu zeigt
Abbildung 1.

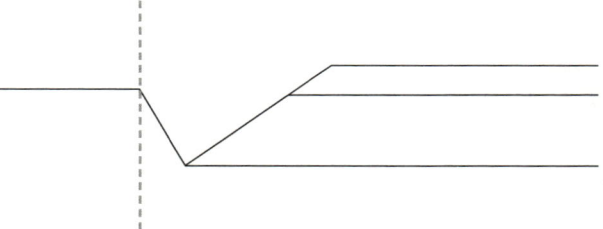

Abbildung 1: Lineare Verläufe in Kategorien

Die dargestellte Dreiteilung von Abbildung 1 ist einfach
und eingängig, in der Arbeit mit Geflüchteten sind die Zusammenhänge jedoch komplexer. Bonanno und seine Kollegen (2011) beschreiben vier mögliche Verläufe: Neben
Resilienz, Heilung (»Recovery«) und chronischem Leiden
finden sie in ihren Studien verzögerte Reaktionen. Viele
Geflüchtete entwickeln erst nach Jahren des Funktionie-
rens und der scheinbaren Gesundheit Symptome (»de-
layed onset«): dann, wenn sie nicht mehr um ihr Überleben kämpfen müssen und das volle Ausmaß des Verlusts
deutlich wird. Zwei mögliche Konsequenzen, die eintreten
können, wenn das Leiden vor den Ereignissen bereits sehr

ausgeprägt war, sind anhaltendes Leid oder Besserung nach traumatischem Stress.

Der Übersichtlichkeit halber macht es Sinn, die verschiedenen Verläufe zu drei, vier oder sechs möglichen Verlaufskategorien zusammenzufassen. Für quantitative Studiendesigns ist die Kategorienbildung sogar unerlässlich. Durchschnittswerte sind jedoch immer ein Informationsverlust. Menschliche Reaktionen auf Stress sind hoch heterogen. Jeder Verlauf ist individuell, nichtlinear, einzigartig (siehe auch Kriz, 2017). Die graphische Darstellung einiger weniger Verläufe könnte also so wie in Abbildung 2 oder auch ganz anders aussehen.

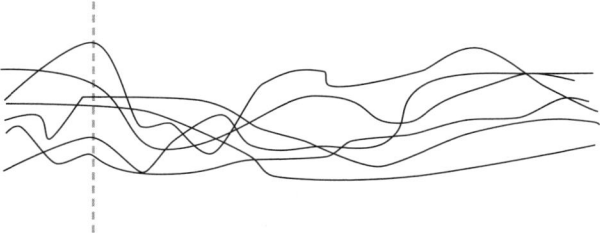

Abbildung 2: Nichtlineares Chaos

Aber auch eine individualisierte Darstellungsweise wie in Abbildung 2 stellt meist eine unzulässige Komplexitätsreduktion dar. Derartige Verlaufsmodelle legen Traumatisierung als einmaliges Ereignis fest. Sequenzielle und kumulative Traumatisierungsprozesse, wie wir sie bei Geflüchteten meist vorfinden, werden nicht berücksichtigt. Zudem schließen positive, negative und neutrale Folgen sich nicht gegenseitig aus, sondern können in verschiedenen Kontexten parallel zueinander oder nacheinander ablaufen. Wie genau sie ineinandergreifen, ergibt sich aus einer Vielzahl an Variablen wie frühere Erfahrungen, Familie, soziales Umfeld, Gesellschaft, Kultur, die ein komplexes Bild formen. So können psychische Verletzungen oder Wunden nicht ausschließlich mit negativen Folgen assoziiert werden. Die Wunde ist nach einem traumatischen Lebensereignis zunächst immer da und muss verheilen. Ausschlaggebend ist, wie schwer und tief sie ist und ob gute Heilungsbedingungen herrschen. Neben Erkrankung (»offene Wunde«) sind Heilung oder posttraumatisches Wachstum mögliche Formen der anschließenden Reorganisation (siehe Abbildung 3, S. 71, in Kapitel 7.3). Meist sind dies langwierige Prozesse, die nicht für alle Lebensbereiche gleich sind. Ein und dieselbe Person kann also gleichzeitig traumatisiert sein, eine offene seelische Wunde haben, resilient sein, weil »nur« die Wunde da ist, man aber überlebt hat, und posttraumatisch gewachsen sein, weil neue Prioritäten im Leben gesetzt wurden. Dies wird jedoch oft außer Acht gelassen. Stattdessen werden Traumafolgen ausschließlich auf intrapsychische Prozesse attribuiert. Der Begriff »Traumafolgen« legt wiederum nahe, dass es sich um statische Ergebnisse handelt. Aber egal von wie vielen wie auch immer gearteten möglichen Traumafolgen man ausgeht – es handelt sich immer um sich verändernde Prozesse.

3 Vergangenheit, Gegenwart, Zukunft

3.1 Salutogenese, Kohärenz und Sinnhaftigkeit

Das Konzept der Kohärenz (Antonovsky, 1979, 1997), insbesondere die Komponente »Sinnhaftigkeit« beschreibt den Prozess der Sinnfindung oder Sinnzuschreibung. Es ist Bestandteil des Salutogeneseansatzes, der sich mit der Entstehung und Erhaltung von Gesundheit befasst und somit ein stärken- und ressourcenorientierter Ansatz ist. Er steht im Gegensatz zur defizitorientierten Pathogenese, die sich mit der Entstehung von Krankheiten beschäftigt und auf krankmachende Faktoren fokussiert.

Der Kohärenzsinn ist ein entscheidender Faktor, der zur (Wiederherstellung der) Gesundheit und somit auch zur Reorganisation nach traumatischen Erlebnissen beiträgt. Es setzt sich aus den folgenden Komponenten zusammen:
- Verstehbarkeit (comprehensibility),
- Handhabbarkeit oder Machbarkeit (manageability),
- Bedeutsamkeit oder Sinnhaftigkeit (meaningfulness).

Verstehbarkeit bedeutet, dass Erfahrungen als nachvollziehbar, vorhersehbar und erklärbar eingeordnet werden. Machbarkeit besagt, dass Aufgaben oder Herausforderungen als bewältigbar oder lösbar angesehen werden bzw. dass man über die zur Bewältigung notwendigen Mittel verfügt. Sie ist eng verwandt mit dem Selbstwirksamkeitskonzept von Bandura (1977, 1997), das heißt mit der Überzeugung, eine Handlung erfolgreich ausführen zu können. Wenn Lebensereignisse und Herausforderungen als sinnhaft oder bedeutsam bewertet werden, so sind sie die damit einhergehenden Anstrengungen wert. Wenn es gelingt, Erlebnissen Sinn zu verleihen, dann nehmen sie nicht mehr so viel Raum im alltäglichen Leben ein, sondern können in der Vergangenheit ruhen. Auch traumatischen Erfahrungen bzw. ihren Folgen kann Sinn zugeschrieben werden, trotzdem sie oft willkürlich stattfinden und jedes Bewusstsein für Gerechtigkeit und Sinnhaftigkeit eklatant verletzen. »Der Kohärenzsinn stellt […] eine reflektierende Meta-Identität zur Verfügung, in der die Widersprüche, Mehrdeutigkeiten und Fragmente der eigenen Existenz ausgehalten und mit einer gewissen Gelassenheit wieder zusammengefügt werden können« (Ottomeyer, 2011, S. 210). Gelingt es trotz der widersprüchlichen, mehrdeutigen und fragmentierten Erinnerungen weiterzumachen, vielleicht sogar an ihnen zu wachsen, dann können Ereignisse rückblickend als unvermeidlich und unverschuldet in die Lebensgeschichte eingeordnet werden. Sie haben dazu beigetragen, dass das Leben jetzt so ist, wie es ist, und ich der Mensch geworden bin, der ich bin. Sie determinieren aber nicht meine Zukunft.

Traumatisierten Geflüchteten gelingt dies oft entgegen allen Erwartungen erstaunlich gut. Sie haben nicht nur Furchtbares erlebt, sie haben auch die Erfahrung gemacht, dass sie es überlebt haben. Eine Grenze wurde erreicht und überschritten, die als Ende erlebt wurde. Jenseits dieser Grenze ist das Leben nicht mehr wie früher. Neue Wahrnehmungen und Interpretationen in Bezug auf Identität, Beziehungen und den Sinn des Lebens müssen entstehen. Gelingt es, eine Brücke zwischen Vergangenheit, Gegenwart und Zukunft zu schlagen und alle drei miteinander zu einer konsistenten Lebensgeschichte zu verbinden, so kann diese Geschichte rückblickend als sinnhaft wahrgenommen werden. Hierbei sind auch Erinnerungen nicht statisch, sondern können an ein neues Selbst- und Weltbild angepasst werden.

3.2 Resilienz als positive Folge – Symptome als Resilienz

Negative und positive Konsequenzen beziehen sich auf ein oder mehrere traumatische oder sehr negative Lebensereignisse (»adversity«) und sind eine direkte, kausale Folge dieser Ereignisse. Bei der neutralen Konsequenz liegt dies weniger auf der Hand. Wenn man Papadopoulos' Ansatz folgt und Resilienz als neutrale Folge betrachtet, so bleibt unscharf, ob Resilienz immer schon da war und dazu geführt hat, dass traumatische Ereignisse keine Auswirkung haben oder ob sie durch diese erst entwickelt oder aktiviert wurde. Konsequent wäre in Analogie zu anderen möglichen Konsequenzen, dass sie die Folge des traumatischen Ereignisses ist. So wird Resilienz auch gemeinhin als sich in der Auseinandersetzung mit Herausforderungen entwickelnder Interaktionsprozess postuliert (Näheres zum Resilienzkonzept im vierten Kapitel).

Aber was heißt dann eine neutrale Reaktion? Wohl kaum, dass die Person oder das System sich nicht verändern. Einschneidende Lebensereignisse müssen notwendigerweise Spuren an lernenden Organismen hinterlassen (Boss, 2008). Es ist nicht möglich und oft auch nicht erstrebenswert, in einen Ursprungszustand, der vor der Flucht vorhanden war, zurückzukehren (Lenette, Brough u. Cox, 2012). Das ist nicht nur eine Funktion der Zeit, sondern beruht auch auf der Tatsache, dass Menschen nach einschneidenden Lebensereignissen nicht mehr dieselben sein können. Wird dies dennoch versucht, meist in Form von Vermeidung, so entstehen Leiden und Einschränkungen.

Zwar haben sehr belastete, insbesondere traumatisierte Menschen oft den Wunsch, die Zeit zurückzudrehen, wieder so zu sein wie früher, das Schlimme ungeschehen zu machen. Es leuchtet jedoch unmittelbar ein, dass dies ein Ding der Unmöglichkeit ist. Wir haben (noch) keine

Möglichkeit, in der Zeit zu reisen. Daher werden Lebensereignisse immer Spuren hinterlassen und als Erinnerung bleiben, selbst dann, wenn sie keinen belastenden Einfluss mehr auf die Gegenwart haben. Traumata können heilen, aber sie hinterlassen Narben. Man ist nicht mehr derselbe Mensch, vielleicht vorsichtiger, misstrauischer, weniger lebenslustig. Auf der positiven Seite hinterlassen gemeisterte Herausforderungen sowie auch sehr schwierige und gelöste Probleme Lernerfahrungen, wir entwickeln uns weiter (Ottomeyer, 2011; Becker, 2014).

Wenn Resilienz als neutrale Konsequenz Veränderung, aber ein Gleichbleiben der Valenz bedeutet, müsste das Ergebnis der Veränderung weder als positiver noch als negativer empfunden werden als die Ausgangssituation. Faktoren wie (psychische) Gesundheit, Lebensqualität, Lebenszufriedenheit, Wohlergehen müssten als gleich hoch ausgeprägt eingestuft werden. Die Beurteilung von Art und Ausmaß dieser Faktoren vor und nach traumatischen Ereignissen müsste durch Betroffene selbst stattfinden. Vermutlich wäre es sinnvoll, von einem Spektrum, einem gewissen Bereich auszugehen, innerhalb dessen einige Faktoren einen höheren Wert bekommen, andere einen niedrigeren, die Gesamtsituation sich aber ähnlich gut oder schlecht anfühlt wie vorher.

Kann es so etwas wie neutrale Veränderung geben? Eher nicht bzw. der Grat, auf dem diese lokalisiert ist, ist sehr schmal. In den allermeisten Fällen wird Veränderung eine Valenz zugeschrieben. Meine praktischen Erfahrungen decken sich mit dieser Annahme. Ohne komplexe mathematische Gleichungen aufzustellen, sind Geflüchtete spontan in der Lage, auf die Frage, ob es vor der Flucht besser war oder jetzt, eine klare Antwort zu geben. Diese ist nicht immer positiv, wie man vermuten könnte. Natürlich können viele die relative materielle und persönliche Sicherheit in Deutschland schätzen, im Vergleich zu Armut, Chaos und Lebensgefahr, denen sie vorher ausgesetzt waren. Insbesondere aber dann, wenn der (Über-)Lebenswille durch die Ereignisse stark in Mitleidenschaft gezogen worden ist, Enttäuschung und Frustration überwiegen, wird die gegenwärtige Situation als negativer betrachtet und eine Rückkehr zur Vorfluchtsituation herbeigesehnt.

In der Regel beschreiben Geflüchtete, insbesondere wenn sie nach einigen Jahren auf ihre Anfangszeit in Deutschland zurückblicken, dass sie sowohl unter den negativen Folgen der Vergangenheit leiden würden als auch persönlich stärker geworden seien (Schreiber u. Iskenius, 2013). Diese negativen und positiven Effekte betreffen oft unterschiedliche Lebensbereiche.

Ein Klient berichtete mir beispielsweise, er habe einerseits gelernt, dass es immer noch einen Weg gebe, es gehe immer weiter. Er wisse, dass er alles durchstehen könne. Man dürfe einfach nie aufgeben. Andererseits sei er immer noch sehr bedrückt, die alte Fröhlichkeit wolle einfach nicht zurückkommen. Andere würden ihm sagen, dass er traurig aussehe und immer in sich gekehrt sei. Ist das jetzt eine negative Reaktion, posttraumatisches Wachstum oder Resilienz? Wohl ein bisschen von allem und gleichzeitig in seiner Gänze Resilienz: Der Klient ist nicht an den Ereignissen in seiner Vergangenheit »zerbrochen«, er leidet zwar noch darunter, funktioniert aber gleichzeitig auf einem hohen Niveau und verfügt über ein gewisses Maß an Lebenszufriedenheit.

Durch das Überschreiten von »Grenzen«, die man nicht glaubte, lebend überschreiten zu können, das heißt durch das Hinausgehen über die eigenen Grenzen werden Verstehens- und Erwartungsmuster überarbeitet und vorherige Grenzen neu gesetzt.

Die Interpretation von Resilienz hängt stark mit Erwartungen zusammen: Erwarte ich, dass Menschen jede Art von Ereignis unbeschadet überstehen, bzw. gehe ich davon aus, dass dies durch ausreichend gestärkte Resilienz jedem Menschen gegenüber jedem Ereignis möglich ist, so macht es Sinn, Resilienz – also das unbeschadete Überleben – als »neutral« zu betrachten. Sieht man die Entwicklung von Symptomen, das Nicht-mehr-Funktionieren jedoch als normale Konsequenz auf unnormale Ereignisse, so ist Resilienz als herausragende Kompetenzleistung zu würdigen (Egger u. Walter, 2015).

Daher kann Resilienz mit Fug und Recht als positive Konsequenz traumatischer Erlebnisse angesehen werden. Nicht umsonst ist der Begriff positiv konnotiert. Wenn Flucht und Verlust, Krisen und Gefahr überlebt wurden, ohne dass Menschen daran zerbrochen sind, wenn die Chance auf ein sinnvolles menschenwürdiges Weiterleben besteht, so ist dies eine große Leistung und nicht neutral. Es erscheint jedes Mal wie ein kleines Wunder, wenn negative posttraumatische Reaktionen nachlassen, wenn sie mit eigener Kraft und durch äußere Unterstützung in den Griff bekommen werden. Wenn Symptome nicht mehr so viel Raum im Leben einnehmen, können Ressourcen und Energie wieder genutzt werden, um neue Möglichkeiten zu erschließen. Dies ist oft ein allmählicher Prozess. Resilienz erfolgt nicht wie bei dem zu diesem Konstrukt gern bemühten Stehaufmännchen sofort und in einem Rutsch. Spürbare Verbesserungen sind, gerade bei multiplen und komplexen Belastungen, oft erst nach Jahren festzustellen.

Sind Traumafolgesymptome also das Gegenteil von Resilienz? Entwickeln sie sich und führen unter Umständen zu einer psychischen Erkrankung, wenn die Resilienz nicht ausreichend gut ausgeprägt ist? Symptome sind oft viel mehr als lästige, nach Möglichkeit wegzutherapierende Folgen noch unangenehmerer Ereignisse. Oft wären traumatische Ereignisse wohl ohne die Symptome, die sich damals entwickelten, nicht überstanden worden. Dies gilt insbesondere für Dissoziationen, also die Fähigkeit, nicht hier und jetzt zu sein, und die Vermeidung von »Triggern«, also Traumaauslösereizen. Traumafolgesymptome stellen einen Selbsthilfeversuch dar, sich vor weiteren traumatisierenden Erfahrungen zu schützen und trotz dieser Erfahrungen weiterzuleben.

An welchem Punkt genau hört bei einem derartigen Prozess die pathologische Reaktion auf, wo beginnt Resilienz bzw. posttraumatisches Wachstum? Alle Reaktionen sind ein Versuch, mit dem veränderten Leben klarzukommen. Jede kurzfristige oder langfristige Reaktion auf traumatische Lebensereignisse, auch oder gerade die Entwicklung von Symptomen, ist »normal«. Für die praktische Arbeit macht es daher wenig Sinn, nach positiven, negativen und neutralen Traumafolgen zu differenzieren. Stattdessen können Selbsthilfestrategien in mehr oder weniger hilfreiche unterteilt werden. Und davon ausgehend sollten die hilfreichen Strategien gefördert und ausgebaut werden. Die nicht oder wenig hilfreichen sollten nach Möglichkeit langsam und sukzessive durch erstere oder neue Strategien ersetzt werden.

3.3 Posttraumatisches Wachstum

Wir Menschen sind »erstaunlich widerstandsfähige Wesen. In der einen oder anderen Form stehen wir die Dinge meistens durch, selbst angesichts der horrenden Ausmaße, mit der die ganze Katastrophe des Lebens uns manchmal trifft, und überleben nicht nur, sondern finden bei allem Stress, Schmerz und Leiden auch noch Momente des Glücks, des Friedens und der Erfüllung« (Kabat-Zinn, 2013, S. 290).

Menschen leiden in Folge traumatischer Erfahrungen. Trotz dieses Leides können sie gestärkt und gereift aus posttraumatischen Verarbeitungsprozessen hervorgehen. Posttraumatisches Wachstum (»Post-traumatic Growth«, Tedeschi, Park u. Calhoun, 1998) bedeutet, durch traumatische Erlebnisse dazuzulernen, an ihnen zu wachsen. Durch extreme Erfahrungen erfolgt ein Transformationsprozess: Prioritäten im Leben werden überprüft und neu gesetzt; was bedeutsam ist und was nicht, wird neu bewertet. Soziale Kontakte und Spiritualität gewinnen meist an Bedeutung. Werte, Überzeugungen, Selbst- und Weltbild werden neu justiert. Menschen können Mitgefühl, Weisheit, Altruismus und Kreativität entwickeln und empfinden ihr Leben dadurch als sinnvoller und befriedigender (Korittko, 2017). Alte Wahrnehmungen und Interpretationen fallen nicht weg, durch traumatische Erfahrungen und deren Interpretation kommen jedoch neue Faktoren hinzu und das Ergebnis der Gleichung wird ein anderes. Oft wird eine neue, vorher nicht dagewesene Bedeutung im Leben gesehen, Lebenssinn und -ziele werden neu interpretiert. Das Leben an sich, die Tatsache, überlebt zu haben, wird mehr wertgeschätzt als vorher. Dies wirkt sich wiederum auf die Lebensführung aus.

In vielen Fällen wird posttraumatisches Wachstum von Betroffenen selbst gar nicht als solches wahrgenommen. Der Fokus liegt auf den vielen schwerwiegenden ungelösten Problemen. Wachstum ist daher zunächst subjektiv. Wenn keine positiven Effekte wahrgenommen werden, dann haben diese auch keine Auswirkungen auf das psychische Wohlergehen. Das ist in der praktischen Arbeit mit Geflüchteten weitaus häufiger und relevanter, als es zunächst scheinen mag. Die subjektive Wahrnehmung von traumabedingten Veränderungen und ihre Attribution sind entscheidend. Hier können Helfende mitwirken und unterstützen, dass die Betroffenen positive Veränderungen entdecken und als solche wahrnehmen. Daraufhin kann überprüft werden, wofür die neu entwickelten Stärken in der Gegenwart nützlich sein könnten. Im Abgleich mit Problemen und Symptomen kann Schritt für Schritt untersucht werden, welche neuen Fähigkeiten oder Einsichten herangezogen werden können, um gegenwärtige Probleme zu bewältigen.

Wenn Resilienz als Prozess, insbesondere als Lernprozess für Individuum und Umwelt begriffen wird, dann besteht eine enge Verbindung zu posttraumatischem Wachstum. Nach einer Definition von Yehuda (Southwick, Bonanno, Masten, Panter-Brick u. Yehuda, 2014, S. 3) bezeichnet Resilienz die »Reintegration des Selbst«, »das eine bewusste Anstrengung beinhaltet, sich auf einfühlsame, integrative und positive Art und Weise vorwärts zu bewegen. Diese Bewegung ist das Ergebnis von Lernerfahrungen durch ein aversives Ereignis.« Diese Definition kommt der Beschreibung von posttraumatischen Wachstum sehr nahe.

Die Ähnlichkeit der Konzepte wird noch deutlicher, wenn man feststellt, dass es bei Geflüchteten neben posttraumatischem oft auch prä-traumatisches Wachstum gibt. Beispielsweise muss ein Teenager, der von seiner Familie mithilfe des gesamten Familienvermögens auf die gefährliche Flucht geschickt wird, um später die Familie nachzuholen, schon im Vorfeld über sich hinauswachsen, um diesen enormen Druck zu ertragen. Dem schließt sich oft ein peri-traumatisches Wachstum an: eine Sequenz belastender oder traumatischer Lebensereignisse vor und während, manchmal auch nach der Flucht. Die Fluchtphase dauert oft jahrelang. Während dieser Zeit müssen sich neue Fähigkeiten herausbilden, um zu überleben. Geflüchtete müssen über sich hinauswachsen.

Bei all dem Positiven gilt es nicht aus den Augen zu verlieren, dass »nicht jede und jeder nach einer Traumatisierung ein posttraumatisches Wachstum (erlebt)«. Zudem »dürfen diese Überlegungen nicht missverstanden werden als zwanghafte Sinnsuche im Leid oder gar als Befürwortung von Leid, so als sei ein sinnhaftes Leben nur durch die Erfahrung von Leid möglich« (Hanswille u. Kissenbeck, 2008, S. 138 f.). Hinter scheinbarem posttraumatischen Wachstum kann sich auch verdrängtes Leid verbergen (Maercker u. Zoellner, 2004; Schreiber u. Iskenius, 2013). Gerade sehr reibungslose, schnelle Integration kann ein Anzeichen dafür sein, dass die alle Ressourcen aufbrauchende Beschäftigung mit dem Neuen auch ein Mittel ist, sich nicht mit dem Alten auseinanderzusetzen. So kann auch kein Weg gefunden werden, der beides – Vergangenheit und Gegenwart – miteinander verbindet. Dies führt dazu, dass man nicht zur Ruhe kommen kann. Ruhephasen sind dann gefährlich, weil Erinnerungen sich Raum nehmen und den mühsam errungenen Alltag stören könnten. Mittel- und langfristig zahlt man für erfolgreiche Vermeidung einen hohen Preis. Es wird sehr viel Energie benötigt, um nach außen hin zu funktionieren und nach innen zu vermeiden. Dies führt zu Zuständen der absoluten Erschöpfung und des Zusammenbruchs, unvorhersehbar und unverständlich für alle Beteiligten.

Echtes posttraumatisches Wachstum kann (muss aber nicht) nach einer Zeit des Stillstands, des Ankommens, des Zurück- und In-die-Zukunft-Blickens gelingen. Dieser »*Übergangsraum*« (Becker, 2014) ist notwendig, um Vergangenheit, Gegenwart und Zukunft unter einen Hut zu bringen und das alte Leben mit dem neuen, angestrebten und tatsächlichen in Einklang zu bringen.

4 Resilienz

4.1 Das Konzept der Resilienz

Resilienz bezeichnet in der Physik die Fähigkeit eines Metalls, nach Belastung oder Verbiegen in den Ursprungszustand zurückzukehren. Der Begriff wird traditionell in der Ökologie und den Naturwissenschaften verwendet, ist aber in den letzten Jahrzehnten auch in der Psychologie, Psychiatrie, Kriminologie und Nothilfe populär geworden. Ist er eine Modeerscheinung, die bald durch eine andere ersetzt werden wird? Oder birgt das dahinterstehende Konzept einen Mehrwert für die Arbeit mit nach Deutschland geflüchtete Menschen? Kann er helfen, etwas Neues entstehen zu lassen, Dinge anzustoßen, mehr gegenseitiges Verständnis herzustellen? Führt er zur Entwicklung und Verbesserung der Unterstützungsangebote? Oder ist er nur Schall und Rauch, Stagnation bei viel Wirbel? Kann mit ihm sogar Schaden angerichtet werden, wie kritische Stimmen verlauten lassen?

Je nach Disziplin und Kontext wird der Begriff Resilienz unterschiedlich verwendet. Wenn es um seelische Widerstandsfähigkeit geht, ist das Resilienzkonzept eng mit der Psychotraumatologie verbunden. Resilient sind Menschen, die besonders gut mit (unvorhersehbaren) Stressoren, Risiken, negativen und traumatischen Lebensereignissen umgehen und diese aushalten können. Im engen Sinne wird Resilienz häufig als das »Immunsystem der Seele« definiert. Weiter gefasste Definitionen sprechen von Resilienz als »der Fähigkeit, nach hoch belastenden Ereignissen ein relativ stabiles und gesundes psychisches

Funktionsniveau aufrechtzuerhalten« (Bonanno, 2004, S. 20, Übersetzung E. K.) oder als die »Kapazität eines dynamischen Systems, sich erfolgreich an Störungen, die seine Lebens-, Funktions- und Entwicklungsfähigkeit gefährden, anzupassen« (Masten in Southwick et al., 2014, S. 4; vgl. auch Fröhlich-Gildhoff u. Rönnau-Böse, 2015; Bengel, Meinders-Lücking u. Rottmann, 2009; Welter-Enderlin u. Hildenbrand, 2006).

Mit dem Phänomen der Resilienz, insbesondere mit den Einflussfaktoren von Belastungen auf die kindliche Entwicklung beschäftigen sich Forscher etwa seit den 1970er Jahren. Emmy E. Werner und ihre Kollegin Ruth Smith waren unter den Pionierinnen der Resilienzforschung. Sie untersuchten systematisch nicht nur diejenigen, die an traumatischen Lebensereignissen und Belastungen scheiterten und krank wurden, sondern auch diejenigen, die sie erfolgreich bewältigten. In der sogenannten Kauai-Längsschnittstudie begleiteten sie knapp 700 Personen über einen Zeitraum von fast vierzig Jahren von Geburt an bis ins Erwachsenenalter. Sie fanden heraus, dass etwa ein Drittel derjenigen Kinder, die unter risikoreichen Bedingungen aufwuchsen, als Erwachsene in der Lage waren, ihr Leben erfolgreich und selbständig zu meistern (1982, 2001). Auch in Deutschland wurden mehrere großangelegte Längsschnittstudien durchgeführt, um herauszufinden, was resiliente Kinder kennzeichnet. Die prominentesten unter ihnen sind die Mannheimer Risikokinderstudie (Laucht, Esser u. Schmidt, 1999) und die Bielefelder Invulnerabilitätsstudie (Lösel, Bliesener u. Köferl, 1990).

Überträgt man das Resilienzkonzept auf Geflüchtete, so müsste Resilienz sich zeigen angesichts traumatischer Erlebnisse, denen diese vor, während und nach der Flucht ausgesetzt sind. Prallen diese Erlebnisse an den Betroffenen ab und können sie weiterleben wie bisher, so sind sie resilient, entwickeln sie Traumafolgesymptome, werden krank und »funktionieren« nicht mehr richtig, dann sind sie es nicht. Dieses mechanistische Resilienzkonzept ist einfach, entspricht aber nicht der komplexen Realität Geflüchteter. Selbst wenn es das täte, wäre es nur hilfreich, um den Status Quo zu beschreiben und zu zementieren, nicht jedoch um positive Veränderungen herbeizuführen.

Innerhalb des Kontexts der Flüchtlingsarbeit hat sich bisher keine einheitliche, von allen Akteuren anerkannte und angewandte Definition dessen, was Resilienz ist und was nicht, durchgesetzt. Das Resilienzkonzept findet als Fokussierung auf Stärken und Ressourcen anstatt auf Risiken und Defizite Anwendung. Resilienz ist daher nicht als feststehender Begriff zu werten, sondern als loser Verbund verschiedener Konzepte und Konstrukte. Einige sind sich ähnlich und überlappen, andere widersprechen sich aber auch. Brauchbar sind diejenigen Definitionen, die berücksichtigen, dass Reaktionen auf Stress und traumatische Ereignisse sich im Kontext sozialer Beziehungen, verfügbarer Ressourcen spezifischer Kulturen, Religionen, Gemeinschaften und Gesellschaften manifestieren (Southwick et al., 2014). Das unbeschadete Hervorgehen aus Belastungen hängt nicht allein von der Widerstandskraft der Seele ab, sondern ist ein komplexes Zusammenspiel verschiedener Faktoren.

Ein individualisierter Ansatz lenkt den Blick weg vom Kontext, von lebensfeindlichen Umwelten. Es besteht die Gefahr, sich zu ausschließlich auf interne Faktoren und persönliche Fähigkeiten zu konzentrieren (Pulvirenti u. Mason, 2011) und davon auszugehen, dass das Individuum »nur« resilient gemacht, das heißt, in die Lage versetzt werden muss, mit jeder Art von Umwelt klarzukommen. Wenn Resilienz als innerer Zustand, als unveränderliche Eigenschaft definiert und ausschließlich dazu benutzt wird, Resilienzfaktoren oder resiliente Individuen

zu identifizieren, ist das Konzept in der Arbeit mit Geflüchteten in Deutschland nicht hilfreich. Dann kann es
sogar schädlich sein. Menschen oder Systeme »verfügen«
nicht über ein statisches, unveränderliches Maß an Resilienz. Ebenso wenig ist Resilienz eine Dichotomie, die resiliente von nicht resilienten Menschen unterscheidet. In
diesem Kontext kann Resilienz als Konzept nur sinnvoll
verwendet werden, wenn sie als veränderlicher Prozess
der Anpassung verstanden wird (Norris, Tracey u. Galea,
2009), der sich nur innerhalb eines angemessenen Kontexts realisieren kann. Resilienz ist dann eine Variable,
die sich in Abhängigkeit von multiplen Umgebungs-
bedingungen, Ressourcen und Belastungen ständig verändert. Sie bildet ein Kontinuum, auf dem sich Menschen
hin und her bewegen. »Cut-Off«-Punkte, die resiliente von
nicht resilienten Menschen unterscheiden, sind immer zu
einem gewissen Grad willkürlich.

Um größtmöglichen Nutzen zu erzielen, sollte Resilienz (mindestens) auf zwei Ebenen angesiedelt werden:
der inneren psychischen und der äußeren sozialen. Diese
interagieren auf vielfältige Weise und sind miteinander
verschränkt. Resilienz ist ein Prozess, insbesondere auch
sozialer Art, der in diesen Interaktionen stattfindet. Resilienz verbindet Menschen miteinander. Dieser Ansatz beinhaltet, dass die Verantwortung für die Resilienzbildung
und -aufrechterhaltung nicht beim Individuum allein, sondern darüber hinaus beim Umfeld, bei der Gesellschaft,
den verantwortlichen regionalen, staatlichen und über-
staatlichen Institutionen, der Infrastruktur und beim politischem Willen liegt (Pulvirenti u. Mason, 2011).

Hilfreiche Interaktionen zwischen Individuum und
Umwelt können nicht als gegeben angesehen werden, sondern an ihnen muss kontinuierlich unter Heranziehung
von Ressourcen und Möglichkeiten gearbeitet werden
(Lenette, Brough u. Cox, 2012). In einer Vielzahl kleiner

Schritte muss ausprobiert werden, wie eine Veränderung, ganz gleich an welchem Punkt des Gesamtsystems, andere Veränderungen nach sich zieht. Resilienz ist somit nicht rückwärtsgerichtet und auch keine Pendelbewegung zurück zum Ursprungszustand. Stattdessen beinhaltet sie eine Vorwärtsbewegung hin zu einem neuen Gleichgewicht.

4.2 Kann man Resilienz messen?

In Forschung und Praxis wird seit Langem versucht, Schutzfaktoren zu identifizieren, die an und für sich vulnerable Menschen, zum Beispiel in von Naturkatastrophen oder Kriegen gebeutelten Regionen, dennoch davor bewahren, dauerhaft krank zu werden (z. B. Werner u. Smith, 1982, 2001; Masten u. Coatsworth, 1998). Diese Schutzfaktoren werden als Resilienzfaktoren bezeichnet. Manche Menschen scheinen mehr von ihnen zu besitzen als andere. Sie werden trotz krankmachender Bedingungen nicht krank. Im Sinne der Salutogenese (Antonovsky, 1979; Antonovsky u. Sagy, 1986) sollen diese gesund machenden oder die Gesundheit erhaltenden Resilienzfaktoren identifiziert und gefördert werden.

Der Versuch, Resilienz in Faktoren zu zerlegen und zu erfassen beinhaltet jedoch verschiedene Schwierigkeiten:

Die beschriebenen unklaren und oft mehrdeutigen Definitionen (u. a. Eigenschaft vs. Prozess) und die unklare Abgrenzung von verwandten Konzepten wie »Ressourcen«, »Coping«, »Schutzfaktoren« und »Stressresistenz« machen das Messen und Interpretieren eines einheitlichen Konstrukts nahezu unmöglich. Das heißt, wenn von Resilienz gesprochen wird, liegen dem oft sehr unterschiedliche Konzepte zugrunde, die nicht miteinander vergleichbar sind.

Zudem beruhen Versuchsdesigns oft auf der Annahme, dass Resilienz zu einem bestimmten Zeitpunkt durch

die Abwesenheit psychopathologischer Traumafolgesymptome erfasst werden kann (Norris, Tracey u. Galea,
2009). Resilienz wird negativ operationalisiert, über das
Fehlen bestimmter Faktoren. Dies ist problematisch, da
unklar bleibt, was stattdessen hilfreich war, um mit traumatischen Lebensereignissen klarzukommen. Unter Umständen wurden auch nicht hilfreiche Mechanismen entwickelt, die so nicht erfasst werden können.

Symptomfreiheit zu einem bestimmten Zeitpunkt kann
mit Resilienz zusammenhängen, muss aber nicht. Resilienz wäre sonst ein Sammelbecken für die Abwesenheit
negativer Folgen nach einschneidenden Lebensereignissen.
Diese Operationalisierung ist medizinalisierend und ent-
kontextualisierend. Die Abwesenheit von Psychopatho-
logie ist mitnichten immer per se auf Resilienz zurückzu-
führen, sondern hängt von einer Vielzahl von Faktoren ab.
Es fehlt also an einer validen Definition positiver Ergebnisse (Ungar, 2004). Die Operationalisierung des komplexen Konstrukts ist schwierig und die Gefahr hoch, etwas
anderes als Resilienz zu messen und somit zu keinen validen Ergebnissen zu gelangen (siehe auch Bengel et al.,
2009).

Auch die Wahl des Zeitpunktes ist ausschlaggebend für
die Ergebnisse. Unter Umständen konnten sich Resilienzprozesse noch nicht manifestieren oder sind gerade nicht
aktiv, weil zusätzliche externe Belastungen aufgetaucht
sind. Resilienz ist nicht linear, sondern entwickelt sich in
Kreisläufen, die durch vielfältige Wechselwirkungen gekennzeichnet sind (Merk, 2015). Aufgrund der Multifak-
torialität handelt es sich nicht um lineare, sondern um
netzwerkartige Prozesse. Jeder Mensch kann (theoretisch)
zu jedem beliebigen Zeitpunkt an seiner ganz individuellen Stelle im Resiliennetzwerk verortet werden. Dieser
Punkt verändert sich als Funktion der Zeit in dem Maße,
wie sich die multiplen Faktoren verändern. Er verschiebt

sich innerhalb der Matrix. Diese Bewegungen können nur in Längsschnittstudien über mehrere Messzeitpunkte hinweg erfasst werden.

Durch quantitative Untersuchungen können zwar Faktoren gefunden werden, die im Zusammenhang mit Resilienz stehen. Resilienz kann so aber kaum in ihrer Gänze erfasst und gemessen werden. Sie auf einige wenige Faktoren zu reduzieren, diese zu operationalisieren und quantitativ zu erfassen, kann nur einen Teil der Realität abbilden. Beschrieben und erfasst werden können erwünschte Ergebnisse, Ziele wie Lebenszufriedenheit, psychische Gesundheit, verringertes Leiden. Selbst wenn auch kontextuelle Variablen erfasst werden, so sind diese doch in der Regel von außen durch die (westlichen) Untersucher vorgegeben. Die eigene kulturspezifische Perspektive der Betroffenen auf Resilienz und die Wege, die dorthin führen, wird selten berücksichtigt (Ungar, 2004). Um diese in Versuchsdesigns und Hypothesenbildung mit einzubeziehen und zu einem umfassenderen und vollständigeren Bild von Resilienzprozessen zu gelangen, ist es notwendig, neben quantitativen auch qualitative Faktoren zu erfassen. Mithilfe qualitativer Untersuchungen können nicht nur Anzahl und Ausmaß krankmachender oder gesunderhaltender Faktoren identifiziert werden, sie ermöglichen darüber hinaus die Untersuchung von Art und Kombination ebendieser Faktoren. Mithilfe qualitativer Untersuchungen können kontextspezifische Phänomene mit erfasst werden, so dass umfassende Beschreibungen entstehen, die Lebensrealitäten besser abbilden als isolierte Faktoren dies vermögen. Beim Versuch, Resilienz zu erfassen, sollte immer mitgedacht werden, »dass Resilienz etwas sehr Persönliches ist, es gibt nicht die Resilienzfaktoren, wie man früher annahm, sondern wir sollten immer bei dem jeweiligen Mensch fragen, was ihr oder ihm gut tut« (Reddemann, 2015, S. 21).

4.3 Resilienzfaktoren

Trotz der beschriebenen Probleme in der Erfassung von Resilienz gebe ich hier einen kurzen Überblick über wichtige Faktoren, die mit Resilienz in Zusammenhang gebracht werden. Hierbei gilt, dass Resilienz nie das Ergebnis einiger dominanter Faktoren ist, sondern immer auf dem Zusammenspiel multipler interdependenter Prädiktoren beruht. Welche individuellen, gesellschaftlichen und politischen Faktoren, die Resilienz beeinflussen, wurden bisher gefunden? Hier herrscht in der Literatur relativ große Einheit. Oft ist nicht von Resilienz-, sondern von Risiko- und Schutzfaktoren die Rede. Andere reden von Ressourcen und Stressoren. Die Konzepte sind nicht identisch. Es bestehen jedoch große Überlappungen und die identifizierten Einflussfaktoren sind immer wieder sehr ähnlich.

Resilienzfaktoren werden unterschieden in resilienzfördernde und resilienzgefährdende Faktoren (bzw. in Schutz- und Risikofaktoren). Diese Zweiteilung ist eine willkürliche. Belastungsfaktoren können tatsächlich nicht klar von Resilienzfaktoren abgegrenzt werden. Mitmenschen, Migration, Krisen, um nur einige wenige zu nennen, können eine resilienzfördernde oder resilienzgefährdende Wirkung haben (siehe Abbildung 3, S. 71, in Kapitel 7.3). In welche Richtung sie sich auswirken, entscheiden Ausprägung, Zusammenspiel mit anderen Faktoren sowie Wahrnehmung und Interpretation durch Betroffene (Lenette, Brough u. Cox, 2012). In jedem individuellen Fall müssen einzelne Umweltbedingungen daraufhin analysiert werden, ob sie Schutz- oder Risikofaktoren sind. Zudem ist die Trennung nicht statisch: Eine gegebene Bedingung kann zu einem Zeitpunkt ein Schutz- und zu einem anderen Zeitpunkt ein Risikofaktor sein.

Zudem trifft man Kategorisierungen in Umwelt-, Personen- und Prozessfaktoren (Schreiber u. Iskenius, 2013) oder in interne und externe Faktoren an. Als *personale resilienzstärkende Faktoren* werden beispielsweise eine optimistische, positive Lebenseinstellung, ein positives Selbstkonzept, Zielorientierung, aktive Bewältigungsstrategien, internale Kontrollüberzeugungen, Selbstregulationsfähigkeiten, Selbstwirksamkeitsüberzeugungen/-erwartungen und soziale Kompetenz beschrieben (Fröhlich-Gildhoff u. Rönnau-Böse, 2015; Bengel et al., 2009). Diese bilden jedoch nur einen kleinen Ausschnitt der Faktoren, die dazu beitragen, dass Resilienz stattfinden kann oder eben auch nicht. Insbesondere bilden sie die internen oder personellen Faktoren ab. Zu diesen kognitiven und emotionalen Faktoren gehören auch Anpassungsfähigkeit, Toleranz von Ungewissheit und Durchhaltevermögen oder Zähigkeit. Religiosität oder Spiritualität, die Fähigkeit, Beziehungen aufbauen und gestalten zu können und nicht zuletzt die Hoffnung wirken sich ebenfalls positiv aus. Die Möglichkeit, Einfluss zu nehmen (Selbstwirksamkeit, Selbstvertrauen), und das Kohärenzgefühl, das die Fähigkeit, dem Leben einen Sinn zu geben, beinhaltet, sind weitere wichtige positive Faktoren, die in den folgenden Abschnitten näher erläutert werden. Auch die Fähigkeit zur Relativierung der eigenen Probleme und Humor, Bonanno (2004) spricht von positiven Emotionen und Lachen, erweisen sich als wirksame Schutzfaktoren. Diese können auch in sehr belastenden Situationen oft durch Umdeuten oder »Reframing« gefördert werden. Hierzu ein Fallbeispiel:

Ein Klient berichtete, dass er seit Monaten regelmäßig Briefe von einem Inkassounternehmen bekomme, weil ein Bekannter auf seinen Namen Interneteinkäufe getätigt, aber nicht bezahlt hatte. Mit jedem Brief wurde die Summe, die er bezahlen sollte, größer. Er verzweifelte jedoch nicht an der scheinbaren Ausweglosigkeit der Situation, sondern fand eine positive Seite. Die Briefe waren für ihn berechenbar, vorhersehbar. Sie würden so lange pünktlich alle zwei Wochen bei ihm eintrudeln, bis er eine Lösung für das Problem gefunden hatte: »Wenn du bei mir zu Hause deine Schulden nicht bezahlst, dann schicken sie einen Trupp Schläger vorbei, der knüppelt dich zusammen. Des Deutschen liebste Waffe ist der Brief. Das gefällt mir.«

Neben internen, persönlichen Faktoren existiert eine Vielzahl weiterer möglicher Einflussfaktoren, die nicht im Individuum, sondern *in der Umwelt zu verorten* sind: Soziale Unterstützung durch Familie, Freunde, Gruppen und Gesellschaften, auch in Form von professioneller Unterstützung, ist der bei weitem am häufigsten genannte Faktor mit der höchsten Wirksamkeit (Keilson, 1979; Nestmann, 1991; Laireiter, 1993; Nestmann, Kupfer u. Weinhold, 2014; Oppedal u. Idsoe, 2015). Sich als Teil einer Gruppe zu erleben und soziale Verantwortlichkeit zu tragen, auch wenn sie zunächst eher wie ein zusätzlicher Stressor wirkt, kann einen entscheidenden Einfluss haben. Dies trifft insbesondere auf die Verantwortung für andere Familienangehörige zu. Ich habe es mehrfach erlebt, dass Mütter mir versicherten, nur der Kinder wegen hätten sie das alles durchgehalten, ohne ihre Kinder wären sie vielleicht nicht mehr am Leben. Großen Einfluss bei Geflüchteten in Deutschland haben zudem die wahrgenommene Sicherheit, Stabilität und materielle Ressourcen (Kleefeldt u. Meyeringh, 2017).

Die Häufigkeit und Schwere von traumatischen Erfahrungen sind wichtige Einflussfaktoren. Flucht ist oft nur eine traumatische Erfahrung unter vielen, die die weiteren (Über-)Lebensmöglichkeiten bestimmen. Daneben fallen die Lebensbedingungen vor, während und nach der Flucht sowie sozioökonomische Ressourcen ins Gewicht. Einschneidende Lebensereignisse wie unfreiwillige Migration können Risiko- oder Schutzfaktoren darstellen oder auch beides zugleich auf unterschiedlichen Ebenen. Entscheidend wirkt sich aus, ob Erfahrungen der Hilflosigkeit und Überforderung angesichts dieser Ereignisse überwiegen oder diese als Herausforderungen gesehen und durch gelingende Ressourcenaktivierung gemeistert werden können und zu Erfolgserlebnissen und -geschichten führen.

Faktoren, die Resilienz schwächen, sind ein Gefühl des Kontrollverlustes (Verwirrung und Desorientierung), mehrmalige Wohnortwechsel, der Verlust von Bezugspersonen und Ressourcen sowie ein Mangel an sozialer Unterstützung. Postmigratorische Stressoren wie ein unsicherer Aufenthalt, eine inadäquate Unterbringung, soziale Isolation, Sprachbarrieren, Rassismus und Diskriminierung (Hutchinson u. Dorsett, 2012) sowie Schwierigkeiten bei der Anpassung an eine neue Kultur wirken sich zusätzlich negativ aus.

All diese Faktoren tragen zu Resilienz bei und beeinflussen diese. Dennoch ist Vorsicht davor geboten, Resilienz als eigenständiges gewünschtes Ergebnis zu betrachten. Resilienz an sich hat keinen praktischen Wert. Relevant ist sie einzig und allein als prozesshafte Variable, die zur (psychischen) Gesundheit beträgt. Ich stelle hier daher eine etwas andere Resilienzgleichung auf:

Resilienz = (Über-)Lebenswille × (Über-)Lebensfähigkeiten
× (Über-)Lebensmöglichkeiten

Aus dieser Gleichung ergibt sich, dass alle Menschen zu jedem Zeitpunkt in ihrem Leben über ein bestimmtes Maß an Resilienz verfügen. Diese variiert über die Lebenszeit als kumulative und interaktionelle Funktion der drei Faktoren (Über-)Lebenswille, (Über-)Lebensfähigkeiten und (Über-)Lebensmöglichkeiten. Diese bestehen wiederum aus einer Vielzahl an Unterfaktoren. Alle oben be-

schrieben Faktoren können ihnen zugeordnet werden.
Sie sind in Abhängigkeit von inneren und äußeren Faktoren wie bedrohlichen oder traumatischen Ereignissen
ständiger Veränderung unterworfen (Prozesscharakter).
Einige dieser Faktoren bilden sich erst vollständig heraus und zeigen sich erst angesichts von Gefahr. In fried-
lichen ruhigen Lebensumständen sind sie im Keim an-
gelegt, werden aber wenig oder gar nicht benötigt. Der
Extremfall tritt ein, wenn einer der Faktoren gegen null
geht. Ist beispielsweise der Überlebenswille nicht mehr
vorhanden, werden auch etwaige noch vorhandene Über-
lebensfähigkeiten und -möglichkeiten nicht mehr genutzt
werden. Verfügt ein Mensch über außerordentliche Über-
lebensfähigkeiten kognitiver und emotionaler Art, aber
die Möglichkeit beispielsweise zur Flucht vor Verfolgung
ist nicht gegeben, so geht die Gesamtgleichung, das heißt
die Resilienz gegen null.

4.4 Geflüchtete: traumatisiert, vulnerabel oder resilient?

Resiliente Menschen trotzen ihrem Schicksal. Gegen alle
Widrigkeiten und Angriffe gelingt es ihnen, ihre Werte
nicht zu verleugnen und sich trotz aller persönlichen Tragik im Leben gut zu behaupten. Widerspricht diese Definition nicht der Definition von Geflüchteten? Diese zeich-
nen sich eben dadurch aus, dass sie nicht durchgehalten
haben, nicht den Lebensumständen getrotzt und vor Ort
das Beste daraus gemacht haben. Stattdessen haben sie aufgegeben, sind gegangen. Trotzdem oder gerade deshalb ist
erzwungene Migration, also Flucht, als individuelle Leistung zu würdigen. Flucht ist ein Zeichen von Resilienz im
Sinne von einer sinnvollen Möglichkeit, den lebensfeindlichen Lebensbedingungen zu entgehen und für sich selbst
ein besseres Leben aufzubauen. Sie setzt die Fähigkeit vo-

raus, Vertrautes zu verlassen, sich auf Unbekanntes einzulassen, und macht die Entwicklung neuer Fähigkeiten und Stärken notwendig (Egger u. Walter, 2015). Geflüchtete und Resilienz können also durchaus zusammengebracht werden. Aber nur unter der Voraussetzung, dass Resilienz als variabler Prozess betrachtet wird. »Resilienz kann sich in jeder Phase der Flucht und Relokation realisieren: während einer möglichen initialen Traumatisierung, während der Flucht mit ihren vielfältigen Belastungen, aber auch post-traumatisch beziehungsweise nach der Wiederherstellung sicherer Lebensverhältnisse« (Schreiber u. Iskenius, 2013, S. 2).

Prä-, Peri- und Postfluchtsituation können als Zeiten der Destabilisierung verstanden werden, in denen Resilienz in Form von inneren und äußeren Ressourcen (siehe Resilienzfaktoren) vonnöten ist, um das Gleichgewicht wiederherzustellen, sich zu reorganisieren. Dies geschieht auf denkbar unterschiedliche Arten und Weisen und eben die vielfältige und kreative Nutzung der Möglichkeiten, bzw. das Erschließen ebendieser ist Resilienz per se. So ist die Situation vor der Flucht meist gekennzeichnet durch Gewalt, Gefahr, Unsicherheit, Verfolgung etc. Gerät dieser Zustand an einen Punkt, wo der Leidensdruck hoch genug ist, um die gewohnte Umgebung für eine ungewisse Zukunft zu verlassen, und können die notwendigen materiellen und sozialen Ressourcen erschlossen werden, so findet Flucht als Mittel zur Resilienz statt: Sie dient dem Nicht-Zerbrechen an äußeren Umständen und der Wiederherstellung, eventuell sogar der Verbesserung der ursprünglichen, handhabbaren Lebensbedingungen in einer Situation, in der nur durch Veränderungen an der Umwelt ein Unterschied gemacht werden kann. Stärke des Individuums allein ist hier nicht ausreichend. Auch soziale Unterstützung genügt nicht, um vor Krieg und Krisen zu schützen. Insofern ist Flucht oft der einzige Weg, um einen Resilienzprozess in Gang zu setzen.

Flucht beginnt in der Regel mit einer großen Ungerechtigkeit: Nur diejenigen, die über materielle und physische Ressourcen verfügen, machen sich überhaupt auf den Weg. Die anderen bekommen wir in Deutschland nie zu Gesicht. Sie sterben, vegetieren unter unmenschlichen Bedingungen vor sich hin oder landen als Binnenflüchtlinge in unterversorgten Lagern. Ist die Entscheidung zur Flucht getroffen, so sind während der Flucht wiederum andere Resilienzleistungen vonnöten. Wartezeiten und Unsicherheit müssen ertragen, Hitze, Kälte und Hunger überstanden, lange Wegstrecken zu Fuß oder eingepfercht in engen LKWs zurückgelegt werden. Zudem braucht es die Fähigkeit, sich vor Übergriffen und Gewalt schützen zu können, sowie sozialer Fähigkeiten und Kontakte, um Hilfe zu finden, wenn es einmal gar nicht weitergeht. Nur wer mit diesen vielfältigen Ressourcen begütert ist, schafft es, aufzubrechen und anzukommen. Oft hilft während dieser Zeit eine Vermeidung der traumatischen Vergangenheit, da alle Ressourcen auf das Überleben und Weiterkommen konzentriert werden müssen (Schreiber u. Iskenius, 2013). Am Ziel angekommen ist es nach einer Phase der Stabilisierung und unter ausreichend günstigen Lebensbedingungen und subjektiv empfundener Sicherheit meist sinnvoll, sich mit der Vergangenheit auseinanderzusetzen und ein neues Lebensnarrativ zu erstellen, das den Fluchtprozess beinhaltet und positiv konnotiert.

Keilson (1979) hat mit seinen Studien gezeigt, dass es bei sequenziellen Traumatisierungsprozessen, die in eine Vorflucht-, Flucht- und Nachfluchtphase eingeteilt werden können, entscheidend auf die Zeit nach den traumatischen Lebensereignissen ankommt. Multiple und andauernde Belastungen im Exil, die nicht durch soziale Unterstützung oder andere Ressourcen abgefedert werden, haben einen größeren Einfluss auf die Entstehung psychischer Erkrankungen, als die der beiden vorangegangenen Phasen. Die post-migratorische Phase, die oft auch die post-traumatische ist, bietet viele Risiken, aber auch Chancen (Keilson, 1979). Insbesondere postmigratorische Belastungsfaktoren wie über Jahre andauernde Warteschleifen, was Aufenthalt, Beschäftigung und Unterbringung betrifft, die mit erzwungener Untätigkeit einhergehen und somit jede Chance auf Erfolgserlebnisse, Selbstwirksamkeitserleben und dem Gefühl einer Weiterentwicklung im Keim ersticken, unterminieren die Resilienz und töten sie systematisch ab. Zusätzlich kommt oft erschwerend hinzu, dass der hinter sich gelassene Kontext im Herkunftsland sich immer wieder bemerkbar macht: in Form von Sorge um dort verbliebene Familienangehörige, die in akuter Gefahr leben; in Form von impliziten oder expliziten Forderungen dieser Angehörigen nach finanzieller Unterstützung oder danach, nachgeholt zu werden, und in Form von Trauer und Heimweh.

Resilienz Geflüchteter muss sich also einerseits verändern und weiterentwickeln, sich an die jeweils neuen Lebensbedingungen anpassen, wenn sie weiterhin ihrer Definition gerecht werden und der Aufrechterhaltung oder Wiederherstellung des Funktionsniveaus dienen will. Andererseits kann sie durch nicht-gelingende Flucht, das heißt Nicht-Ankommen im physischen, psychischen oder sozialen Sinn, irreparabel geschädigt werden. Resilienz und Vulnerabilität Geflüchteter sind daher keine Gegensätze, die sich ausschließen. Vulnerabilität verstehe ich hierbei analog zu Resilienz nicht als ausschließlich innerpsychische Variable, sondern als Interaktionsprozess mit der Umwelt.

Trotz ausgeprägter Kompetenzen sind Geflüchtete meist besonders vulnerabel, das heißt verletzlich und anfällig für weitere Erschütterungen. Dies macht unmittelbar Sinn, wenn man sich vergegenwärtigt, dass sie vor, während und unter Umständen auch nach der Flucht vielfältigen belastenden Lebensereignissen ausgesetzt waren und sind. Die Resilienz nimmt mit der Anzahl an Stressoren, denen keine adäquaten Bewältigungsstrategien entgegengesetzt werden können, ab. Belastungen kumulieren so lange, bis eine kritische Schwelle überschritten wird und die Resilienz erschöpft ist. Jenseits dieser Schwelle können Erschütterungen nicht weiter verkraftet werden. Es kommt zur Entwicklung psychischer und physischer Erkrankungen. Diese Schwelle ist bei jedem Menschen vorhanden. Wann sie erreicht wird, ist oft nicht vorhersehbar. Oft sind Geflüchtete ihr bei ihrer Ankunft in Deutschland schon bedrohlich nahegekommen oder haben sie sogar schon überschritten. Ihre Resilienz ist durch wiederholte und langanhaltende Belastungen, traumatische Erlebnisse und den Wegfall von Ressourcen aufgebraucht.

Somit sind geflüchtete Menschen sowohl besonders vulnerabel als auch besonders resilient. Was aus dieser explosiven Mischung entsteht, darüber entscheidet die Interaktion mit der Umwelt (Schreiber u. Iskenius, 2013). Unterstützer/-innen können dabei behilflich sein, Risiken zu minimieren und Chancen zu nutzen. Hierbei kann auch die erzwungene Migration als individuelle Leistung, als ein Akt des Widerstands gegen unmögliche Lebensumstände gewürdigt werden.

5 Empowerment und Selbstorganisation

5.1 Empowerment als Förderung ungewöhnlicher Möglichkeiten

Empowerment bedeutet Selbstbestimmung, Selbstbefähigung und Stärkung der Lebenssouveränität. Der Begriff kann mit dem deutschen Wort »Ermächtigung« nur unzureichend übersetzt werden, da das englische »power« neben »Macht« auch »Kraft«, »Energie« und »Stärke« bedeutet. Daher verwende ich den englischen Begriff. Durch Empowerment sollen die Selbsthilfekräfte, die Selbstbestimmung und die Kontrolle über das eigene Leben gestärkt und gefördert werden. Es »umschreibt einen mehrschichtigen sozialen Prozess, durch den Individuen und Gruppen Verständnis für und Kontrolle über ihre Lebensbedingungen gewinnen. Als Folge sollten sie ihr soziales und politisches Umfeld so verändern können, dass sich ihre (gesundheitsbezogenen) Lebensumstände verbessern« (Loss u. Wise, 2008, S. 756). Empowerment ist somit ein zentraler Aspekt der Gesundheitsförderung im Sinne von (Wieder-)Herstellung von Handlungsfähigkeit und Resilienz.

In der Arbeit mit Geflüchteten stellt Empowerment ein wichtiges Gegengewicht zur erlebten Hilflosigkeit und Ohnmacht infolge traumatischer Erlebnisse und Erfahrungen des Ausgeliefertseins dar. Meist finden sich Geflüchtete in Deutschland in Lebenssituationen wieder, in denen ihnen ihr Leben wie ein Warteraum erscheint. Sie wissen nicht genau, was am nächsten Tag passieren wird, ob sie hierbleiben können oder möglicherweise wieder abgeschoben werden. Sie finden nur eingeschränkt Zugang zu Arbeit, Studium und Ausbildung und dürfen nur sehr eingeschränkt reisen. Auch der Zugang zu Systemen gesundheitlicher und psychosozialer Versorgung ist erschwert. Die fehlende Anerkennung des erlittenen Unrechts durch die Gesellschaft, der Stress der unsicheren Aufenthaltssituation, finanzielle Abhängigkeit, Heimunterbringung oder auch rassistische Übergriffe tragen dazu bei, dass sich die Erfahrungen des Ausgeliefertseins und des Kontrollverlusts, wie Geflüchtete sie in extremster Form durch Folter und Krieg erlebt haben, im Lebensalltag immer wieder wiederholen. Die ständige Unsicherheit macht es schwer, zur Ruhe zu kommen, die vergangenen Erlebnisse hinter sich zu lassen und sich mit den eigenen Stärken und Fähigkeiten in die neue Gesellschaft einzubringen. Ziel von Empowerment ist es, diesen passiven aber unruhigen Wartezustand in einen aktiven Handlungszustand zu verwandeln, der Bewegung, also Veränderung beinhaltet. Empowerment setzt am Menschen an und orientiert sich an individuellen und kontextspezifischen Bedürfnissen. Daher ist es Grundvoraussetzung, zunächst stets gemeinsam mit Betroffenen genau zu eruieren, was problematisch ist, und mögliche Strategien zur eigenständigen Problembehebung zu erarbeiten. Empowerment bedeutet, dass Helfende sich so bald und so sehr wie möglich wieder überflüssig machen.

Klingt gut und richtig? Ist jedoch in der praktischen Arbeit mit Geflüchteten – wie auch die Stärkung der Resilienz – komplex, vielschichtig und störungsanfällig. Daher sollten Empowerment-Ansätze und -Strategien stets kritisch hinterfragt werden: Geht es um »echtes« Empowerment, das auch ungewöhnliche oder unbequeme Selbsthilfestrategien unterstützt? Oder schwingt implizit oder explizit eine Vorstellung des Helfenden vom »richtigen« Vorgehen mit? Auch gut gemeinte Ansätze stülpen Betroffenen oft unser westliches Modell von Krankheit und Gesundheit über. Betroffene werden pathologisiert, indem psychiatrische Diagnosen unreflektiert vergeben werden, ohne die von Geflüchteten beschriebenen Probleme und deren Interpretationen zu berücksichtigen. Psychotherapiemanuale, die für eine westliche Stichprobe entwickelt und validiert wurden, werden eins zu eins übertragen und selbstverständlich für das bestmögliche Angebot gehalten. Von Geflüchteten in Deutschland wird gefordert, unsere Vorstellungen darüber, was ein Leben lebenswert macht und wie es ablaufen sollte, zu übernehmen. Dies führt dazu, dass »Hilfe« von Betroffenen als weitere Herausforderung und Belastung empfunden werden kann. Anstrengungen müssen unternommen werden, um es Helfenden recht zu machen, sie nicht zu enttäuschen. Empowerment-Ansätze können sich daher als Anpassungsprojekte entpuppen (Gehbauer, 2014). Um Empowerment Ansätze umzusetzen, die tatsächlich Empowerment bewirken, ist ein Verständnis der vorangegangenen »Disempowerment«-Prozesse, denen Geflüchtete ausgesetzt waren, vonnöten (Becker, 2014). Nur über den Zwischenschritt der Analyse, des Verstehens und des Anerkennens der oft langjährigen Zerstörungsprozesse auf individueller und sozialer Ebene können individuell angemessene Empowerment-Strategien entwickelt werden.

»Echtes« Empowerment sollte als Teilhabe am gesellschaftlichen Prozess verstanden werden und die Veränderung von Machtstrukturen zum Ziel haben. Dies geschieht im Idealfall eigeninitiativ und selbstorganisiert. Geflüchtete organisierten sich erstmals in großer Zahl und von der Öffentlichkeit wahrgenommen in Form des »Refugee Protestmarschs« von Würzburg nach Berlin. Durch den Marsch und die anschließenden Protestcamps machten sie auf ihre Situation aufmerksam und protestierten gegen Regelungen im Asylrecht. Seitdem entstehen mehr und mehr Protest-

und Selbsthilfebewegungen Geflüchteter, die sich für fundamentale Rechte wie beispielsweise die Abschaffung der Residenzpflicht und die Möglichkeit, zu arbeiten, einsetzen. Diese Bewegungen haben vieles erreicht, vieles auch nicht, einiges Erreichtes wurde nicht umgesetzt oder wieder revidiert. Unabhängig vom Ergebnis ist der Prozess der Selbstorganisation ein sehr wichtiger Schritt des Empowerments und hat Auswirkungen auf das Selbstbild Geflüchteter.

Neben Protestbewegungen gibt es immer mehr Angebote von Geflüchteten, die schon länger in Deutschland leben, für Geflüchtete. Erstere machen es sich zur Aufgabe, Neuankömmlinge zu informieren und zu unterstützen. Dies kann in Form von Selbsthilfegruppen, Patenschaften oder Informationsveranstaltungen geschehen. Diese Bewegungen und Angebote haben einen echten Neuwert: Unterstützung kommt nicht mehr nur von außen, durch Nicht-Geflüchtete, welche die Lebensbedingungen und Bedarfe Geflüchteter immer nur teilweise erfassen und verstehen können, sondern die Betroffenen fordern ihre Rechte selbst ein und helfen sich gegenseitig.

Auch in der beraterischen oder therapeutischen Arbeit spielen eingeschränkte Rechte Geflüchteter oft eine große Rolle. Es ist ein Balanceakt, bei meist in diesem Kontext sehr geringen Handlungsmöglichkeiten nicht zu verzweifeln und aufzugeben, sondern gerade nach (kleinen) möglichen Schritten zu suchen. Empowerment kann dann darin bestehen, kleine Möglichkeiten, die eigene Situation zu verbessern, und Schlupflöcher zu finden und diese konsequent zu nutzen. Hierbei gilt es, gut zwischen lösbaren, nicht lösbaren und mithilfe anderer lösbaren Problemen zu unterscheiden. Vorgehensweisen sollten hierbei nicht vorschnell in gut und schlecht unterteilt werden. Wenn Ressourcen wie Macht und Einflussnahme auf ein Minimum reduziert sind, so ist es notwendig, auf ungewöhnliche Vorgehensweisen zurückzugreifen.

Empowerment kann beispielsweise erreicht sein, wenn es gelingt, eine absurde Situation mit Humor zu nehmen und gemeinsam darüber zu lachen. Nicht die Situation ändert sich, aber die Haltung dazu. Durch die neue Haltung werden wiederum Ressourcen frei, die auf andere Probleme verwendet werden können. Dies ist eine von sehr vielen Möglichkeiten und kein Allheilmittel. In vielen Fällen macht es Sinn, sich gegen Unrecht und Absurdität aufzulehnen und aktiv dagegen vorzugehen. Mein Ziel ist es nicht, den Weg des kleinsten Widerstandes als Optimum zu postulieren, sondern einen Möglichkeitsraum, der viele mögliche Wege enthält, zu schaffen. Manche davon sind sinnvoller im Sinne der Zielerreichung, andere weniger, oft kommt es auf den Versuch an. Effektive Copingstrategien sind oft die, die auf den ersten Blick nicht vorteilhaft wirken (Bonanno, 2004). Wichtig ist, auch ungewöhnliche Wege immer in die Auswahl mit einzubeziehen. Hierdurch steigt die Chance, dass ein Unterschied gemacht wird, der einen Unterschied macht, was meist erst retrospektiv feststellbar ist.

Echtes Empowerment kann nicht durch andere geschehen, sondern nur in Form von Selbstempowerment. Helfende müssen dies erkennen und zulassen, was manchmal in der Praxis nicht so offensichtlich und einfach ist, wie es theoretisch klingt, wie folgendes Fallbeispiel zeigt:

Ein jugendlicher Klient, den ich über eine lange Zeit therapeutisch begleitet hatte, erschien wie üblich zu seiner Therapiestunde. Er berichtete sukzessive über alle derzeit wichtigen Lebensbereiche: Ausbildung, Beziehung, Wohnsituation, Erwerb des Führerscheins. Daraufhin bat er mich um ein Blatt Papier und skizzierte seinen Therapieverlauf. Er zeichnete sich selbst in einem Tunnel: »Das war, als ich ganz allein in Deutschland angekommen bin«. Er zeichnete sich wiederum an einer Stelle, an der der Tunnel abknickt: »Da habe ich zum ersten Mal Licht gesehen, das war, als ich wieder schlafen konnte.« Schließlich zeichnete er sich am Ausgang des Tunnels: »Da stehe ich jetzt. Ich kann hinaussehen, aber ich muss noch nach draußen gehen. Bei diesem Weg hat mir die Therapie sehr geholfen.« Ich fragte schließlich, wann der nächste Termin stattfinden solle. Die Antwort war: »Wir machen keinen neuen Termin aus. Das war meine letzte Therapiestunde.« Ich fiel aus allen Wolken. Das geht doch nicht. So kann eine Therapie nicht beendet werden! Das Therapieende muss geplant werden, es muss ein Abschlussgespräch stattfinden. Erst nach einem Moment der Irritation dämmerte es mir: Doch, das geht! Mein Klient hatte bereits eigenständig alles Wichtige getan. Er hat sein eigenes Abschlussgespräch geführt. Die Tatsache, dass er wichtige Schritte im Leben wie das Ende seiner Therapie für sich selbst plant und umsetzt, ist der beste Indikator dafür, dass er keine Therapie mehr benötigt.

5.2 Resilienz als Reorganisation alltäglicher Prozesse

Flucht und Trauma sind gravierende Desorganisationen des Lebens auf unterschiedlichen Ebenen wie Lebensbedingungen, Identität, sozioökonomischer Status, Welt- und Selbstsicht etc. Sie machen einen nachfolgenden Prozess der Reorganisation nötig. Geflüchtete müssen ihr Leben im Exil neu organisieren. Dies beinhaltet auch die Neuorganisation ihrer Identität, ihres Selbstbildes sowie der Verbindung zwischen Vergangenheit, Gegenwart und Zukunft. Ein ressourcen- oder resilienzorientierter Blick, der Dynamik und Interaktionen mit der Umwelt mit einbezieht, kann helfen, diese Reorganisation zu meistern. Resilienz zeigt sich im Alltag (Lenette, Brough u. Cox,

2012), in den »kleinen Überlebenskämpfen«, im Weitermachen und nicht Aufgeben Tag für Tag. Sie kommt nicht unerwartet aus dem Blauen heraus, wie Batman im Angesicht höchster Gefahr. Sie entfaltet ihre hilfreiche Wirkung und schlummert dann wieder bis zum nächsten bedrohlichen Ereignis. Resilienz ist mehr als das unbeschadete Überstehen traumatischer Erlebnisse. Sie besteht aus den kleinen Triumphen des Alltags und beinhaltet einen permanenten Prozess der Anpassung, des Widerstands, der Ressourcenaktivierung und des Lernens. Individuen oder Gemeinschaften verfügen daher nicht dauerhaft über ein bestimmtes Maß an Resilienz. Stattdessen muss Resilienz immer wieder neu erarbeitet, organisiert und optimiert werden. Da Veränderung eine Konstante ist, muss auch Resilienz sich konstant verändern. In der Stressforschung spricht man von Allostase, das heißt von der Fähigkeit, sich dem ständigen Wandel durch ständigen Wandel anzupassen oder Stabilität durch Veränderung aufrechtzuerhalten. Die Anpassung Geflüchteter an neue Lebensbedingungen ist nur durch Veränderung möglich. Statisches Aufrechterhalten aller alten Werte- und Verhaltensmuster führt unweigerlich zu Leid. Diese Annahme steht im Gegensatz zu gängigen Resilienzdefinitionen, die Resilienz in Abgrenzung zum posttraumatischen Wachstum als »neutral« beschreiben und davon ausgehen, dass Verhaltensmuster, Werte und Fähigkeiten unverändert bleiben (siehe Kapitel 4).

Resilienz bedeutet also »weitermachen« und nicht »zurückschnellen«. Sie ist ein gegenwarts- und zukunftsorientiertes Konstrukt, kein Zurückblicken und keine nachträgliche Interpretation. Sie ist eine kontinuierliche Vermittlung zwischen lebensbejahenden und lebensverneinenden Faktoren. Als solche ist sie keine herausragende Eigenschaft, sondern etwas Normales, Alltägliches, das wir ohnehin tun und dessen wir uns meist nicht bewusst sind. Sie erfolgt in kleinen, oft unmerklichen Schritten. Erst rückblickend wird die Veränderung deutlich. Dennoch oder gerade deswegen verdient sie unsere Achtung und Hochachtung. Durch Fokussierung der Aufmerksamkeit auf Resilienzprozesse in Vergangenheit und Gegenwart können diese bewusst gemacht, analysiert und wertgeschätzt werden. So entstehen Verständnis und Verfügbarkeit. Resilienzstrategien können dann bewusster und gezielter eingesetzt werden, um schwierige Lebensereignisse in der Zukunft anzugehen.

Psychotherapie und Beratung oder in der Tat jede Form von »empowernder« Unterstützung kann hierbei hilfreich sein. Sie kann als Förderung von Selbstorganisationsprozessen angesehen werden (Rufer u. Schiepek, 2014), indem sie klärt »wer was will, wer wie leidet [...], was mit was zusammenwirkt [...] und mit wem zusammengearbeitet werden kann« (S. 330). Diese (Re-)Organisation des Selbst- und Weltbildes und damit einhergehend sozialer Systeme und Lebenszusammenhänge ist ein komplexer und nicht linearer Prozess (siehe Rufer u. Schiepek, 2014), dessen Ergebnisse nicht vorhersehbar sind. In der Praxis erlebe ich es oft als langwierigen und zähen Weg, an dessen Anfang nicht absehbar ist, ob es sich nicht um eine Sackgasse handelt. Nicht selten ist dies der Fall und man muss von vorne anfangen. Oder man scheint sich in Endlosschleifen zu bewegen. Diesen Prozess anzustoßen benötigt daher den Mut von Seiten Betroffener und Helfender, sich auf unbekanntes Terrain vorzuwagen – Mut zum Risiko (es könnte auch schlechter werden) und Frustrationstoleranz, wenn es mal wieder länger dauert. Helfende und Betroffene müssen sich darüber im Klaren sein, dass es sich um einen dynamischen Prozess handelt und sich das Befinden nicht linear verbessert, sondern sich unter Umständen währenddessen sogar zwischenzeitlich verschlechtern kann. Die Rolle Helfender beschränkt sich dabei darauf, Bedingungen zu schaffen, um Empowerment zu ermöglichen, anzustoßen, ins Rollen zu bringen. Daher bietet es sich an, mit standardisierten Techniken sparsam umzugehen und stattdessen flexible und kontextsensible Prozesse der Selbstorganisation zu fördern. Wie dies geschehen kann, wird im letzten Unterkapitel zum Empowerment erläutert.

5.3 Hilfe zur Selbstheilung

Traumafolgesymptome wie Übererregung, Wachsamkeit und generalisiertes Misstrauen als Versuch der Selbsthilfe und als Versuch, mit den Erlebnissen in der Vergangenheit weiterzuleben, sind nicht nur Symptome und als solche negativ konnotiert und nach Möglichkeit zu vermindern. Als wichtige und richtige Strategien, die unter Umständen vor und während der Flucht das Überleben gesichert haben, sind sie auch resilientes Verhalten. Traumaüberlebende, die das Vollbild der posttraumatischen Belastungsstörung entwickeln, können genauso resilient sein wie diejenigen, die symptomfrei bleiben (Yehuda in Southwick et al., 2014). Nach der Ankunft in Deutschland sind die bewährten Überlebensstrategien jedoch oft eher störend, behindern das Zurechtkommen im Alltag und führen zu Leid, wie dies insbesondere bei ausgeprägter Vermeidung und sozialem Rückzug der Fall ist. Dann sollten sie hinterfragt und durch neue, funktionale Strategien ersetzt werden. Dies kann in einem helfenden Setting herausgearbeitet werden. Es kann nach alternativen Möglichkeiten des Umgangs gesucht und diese in der Praxis ausprobiert werden. Dieser Prozess ist Bestandteil von Therapien, wird oft aber auch intuitiv in Eigenregie angestoßen. Er ist häufig sehr angstbesetzt und daher schwierig zu realisieren. Körper und Seele können jedoch Schritt für Schritt durch »korrigierende Erfahrungen« lernen, dass »unvorsichtiges« Verhalten nun nicht mehr notwendigerweise mit negativen Konsequenzen einhergeht.

Wie bereits beschrieben, handelt es sich bei Geflüchteten, die es bis nach Deutschland geschafft und sich auch noch Zugang zu unserem Gesundheits- oder Hilfesystem verschafft haben, das auf Geflüchtete meist nur sehr schlecht ausgelegt ist, um (Über-)Lebenskünstler. Das heißt, sie bringen bereits viele Fähigkeiten mit, die sie benötigen, um ihre psychischen Wunden zu heilen.

Es ist ein weit verbreiteter Irrtum, dass jemand von einer anderen Person geheilt werden kann. Dies gilt sowohl für physische als auf für psychische Erkrankung. Körper und Seele können und müssen sich selbst heilen. Hierfür sind wir Menschen bestens ausgestattet. Damit Selbstheilungskräfte wirksam werden können, benötigen sie aber günstige Voraussetzungen. Nach sequenziellen Traumatisierungen und schwerwiegenden Umbrüchen und Verlusten kann es sehr lange dauern, bis Betroffene in der Lage sind, sich selbst zu heilen. Heilung benötigt andere Fähigkeiten und Kontextbedingungen als Überleben. Nicht mehr die Fähigkeit, auszuhalten, sondern zu verändern wird notwendig. Heilung bedeutet jedoch nicht die Abwesenheit von Leid. Diese Forderung scheint angesichts der Lebensgeschichten vieler Geflüchteter vermessen.

Heilung beginnt schon mit der Anerkennung und Integration des Leides. Hilfe bei der Selbstheilung bedeutet dementsprechend Stärkung und Ermutigung. So kann die Lebensgeschichte, wie bereits beschrieben, nicht nur als Aneinanderreihung von Gewalt und Verlust gesehen werden, sondern auch als Überlebensgeschichte. Mit der nötigen Sensibilität können Klienten durch entsprechende Fragen lernen, auch diese andere Seite der Geschichte zu sehen und sie mit Erfolg und Stolz zu betrachten (Egger u. Walter, 2015). Hierbei kann auch zur Veröffentlichung der eigenen Geschichte angeregt werden, um gesellschaftliche

Anerkennung einzufordern und mitunter auch zu erleben. Im Sinne von Selbstempowerment kann Anerkennung durch Zeitzeugenberichte (aufgeschrieben oder verfilmt) zur erfolgreichen Reorganisation in Form von Heilung beitragen (siehe Abbildung 3, S. 71, in Kapitel 7.3). Derartige Unternehmungen sind am ehesten im Rahmen von Projekten und mithilfe professioneller Unterstützung umzusetzen[2]. Sie verleihen Betroffenen eine Stimme im öffentlichen Raum und stellen die Einzigartigkeit jeder individuellen Geschichte heraus.

Durch das Erstellen eines Lebensnarrativs ist auch die Vergangenheit, die in Form von Erinnerungen existiert, veränderbar. Wiederholtes Erzählen oder Aufschreiben kann dazu dienen, erinnerte Geschichten umzuschreiben – aus Desastern können Überlebensgeschichten werden. Der beste Beweis für das erfolgreiche Überleben ist die Mitwirkung von Klienten bei derartigen Projekten. Ziel ist es hierbei nicht, die Vergangenheit zu bewältigen, das ist gar nicht möglich. Trauma- und Trauerprozesse können nicht vollständig abgeschlossen werden. Vielmehr ist es ausschlaggebend, ob es gelingt, trotz traumatischer Erlebnisse in der Vergangenheit und widriger Umstände in der Gegenwart eine Zukunftsvorstellung zu entwickeln, eine Perspektive zu sehen und die Vergangenheit als in der Vergangenheit liegend zu betrachten. Dies kann mithilfe von Akzeptanz gelingen: die Willkür und Ungerechtigkeit der Zuteilung unterschiedlicher Schicksale ertragen zu können. Aber auch Widerstand und ein Sich-Auflehnen können hierbei hilfreich sein. Wie immer kommt es auf die individuell richtige Mischung an.

---

2 Beispielsweise die BAfF-Projekte »Zeitzeugen der Menschenrechte«, »Schreibwerkstatt für Folterüberlebende« oder das Filmprojekt »(Un)sichtbare Grenzen – In Szene gesetzt«, http://www.baff-zentren.org/aktivitaeten-und-projekte.

Geflüchtete haben meist viele unfreiwillige Umbrüche hinter sich. Diesen muss mit einer entsprechend großen Veränderung der Identität, der Lebensziele, -konzepte etc. begegnet werden. Das ist in den wenigsten Fällen schnell und allein zu schaffen. Meist ist ein langer, schmerzhafter Adaptationsprozess vonnöten, der nur schrittweise angegangen werden kann. Um diese Prozesse in Angriff zu nehmen und durchzuhalten, kann professionelle Unterstützung sehr hilfreich sein, wenn sie sich darauf beschränkt, die Selbsthilfe- und Selbstheilungskräfte zu fördern, zu »empowern«. Helfende können dabei unterstützen, gute Voraussetzungen zu schaffen, damit diese Kräfte ihre Wirkung entfalten können. Ihnen obliegt dabei weder die Hauptrolle noch die Verantwortung. Sie sind lediglich ein Rädchen im komplexen Gesamtgetriebe und können durch Fragen, Rückmeldungen etc. Veränderungen anstoßen, nicht jedoch diese durchführen. Ob und wie das komplexe System sich neu organisiert, liegt nicht in den Kräften der Helfenden. Die Frage ist daher nicht, wer mit welchen Methoden heilt, sondern was einen Menschen in die Lage versetzt, sich selbst zu heilen. Auf diese Frage gibt es nur individuelle Antworten – genauso viele wie es Klienten mit seelischen Verletzungen gibt. Diese zu (er-)finden benötigt Zeit und Geduld – und oft genug ein hilfreiches Gegenüber. Dieses Gegenüber können Unterstützer darstellen.

6 Stärkenorientierte Ansätze: Fluch oder Segen?

6.1 Gesellschaftliche, politische und soziale Aspekte stärkenorientierter Ansätze

Können Belastungen zugunsten von Resilienzstärkung, Empowerment und Selbstorganisation vernachlässigt werden? Oder verbirgt sich hinter diesen Ansätzen explizit oder implizit der Wunsch, »sie [Geflüchtete] mögen endlich den Mund halten und die Welt mit ihrem Leid nicht länger stören« (Becker, 2014, S. 103)? Wenn Resilienz, Empowerment und Selbstorganisation nicht nur als stärken-, sondern auch als individuumzentrierte Konzepte angewandt werden, läge es nahe, die Verantwortung für die Bewältigung traumatischer Ereignisse nach innen zu verlagern (Zaumseil, 2012). Ebenso könnte man leicht zum Fehlschluss kommen, dass Unterstützung nicht nur nicht notwendig, sondern sogar schädlich ist, indem sie die Selbsthilfekräfte untergräbt und schwächt. Allenfalls könnten durch gezielte Vorsorge sowie begleitende Maßnahmen Bedrohungen kontrolliert und die nachfolgende Rückkehr zur Normalität gesichert werden. Derartige individualisierte Ansätze machen jedoch aus gesellschaftspolitisch verursachtem Leid ein privates Problem und lassen die Verantwortung beim einzelnen Menschen (Merk, 2015). Sie entpolitisieren und betonen Ansätze der Selbsthilfe, ohne sich darum zu kümmern, ob hierfür die notwendigen Voraussetzungen existieren. Hierbei werden regionale, kulturspezifische und religiöse Ansätze zum Umgang mit Katastrophen und Leid zugunsten rationaler westlicher Konzepte marginalisiert.

Trauma ist ein individueller Prozess, die traumatischen Erlebnisse, die Geflüchtete mitbringen, weisen aber immer auch eine soziale und kollektive Dimension auf (Becker, 2014). Eine Individualisierung und Pathologisierung der Opfer von Menschenrechtsverletzungen, Krieg und Gewalt, die sich nicht resilient verhalten und spontan selbst organisieren, blendet kontextuelle und gesellschaftspolitische Wirkfaktoren aus (Egger u. Walter, 2015). Traumatisierende Ereignisse wie Kriege, die nicht ein Individuum und dessen Umfeld, sondern ganze Gesellschaften betreffen, müssen anders eingeordnet und bewertet werden als isolierte traumatische Erlebnisse. Für Geflüchtete, die nach Deutschland kommen, gibt es oft das Leben ihrer Vergangenheit nicht mehr. Ihr Dorf, ihre Familie, ihre Arbeitsstelle wurden, oft durch Menschenhand, ausradiert. Wenn die soziale Struktur zerstört ist, kann Leid auf der individuellen Ebene nur unzureichend beschrieben werden (Becker, 2014).

Neben der Beschreibung von Unrecht, muss dieses als solches anerkannt werden. Dies geschieht in den seltensten Fällen öffentlich in Form von Rechtsprechung und Verurteilung der Schuldigen. Eingedenk der Tatsache, dass wir die Vergangenheit nicht ungeschehen machen können und die Verursacher des Leides oft nicht greifbar sind, gilt es dennoch, nicht ob dieses großen Berges an Leid und Verlust, an »vertaner Lebenszeit« zu verzweifeln, sondern dieses als in der Vergangenheit liegend zu verorten und Verluste zu betrauern. Die Anerkennung des erlittenen Unrechts oder Leids sollte, wenn schon nicht durch die Verursacher, so doch zumindest durch Dritte wie Therapeuten, Sozialarbeiter oder ehrenamtliche Unterstützer erfolgen. Dies ermöglicht oft erst Trauerprozesse, die irgendwann auch abgeschlossen werden können und Raum für einen Neuanfang schaffen. Das Aussprechen des Leides und die Benennung des Unrechts als solches machen es nicht größer oder unberechenbarer. Das wäre magisches Denken. Im Gegenteil, die Anerkennung macht es greifbar, handhabbar und wirkt seiner »Privatisierung« entgegen (von Freyberg, 2015).

In jedem Fall bestimmt der Kontext mit, ob (Selbst-) Hilfe- und (Selbst-)Heilungsbemühungen auf fruchtbaren Boden fallen oder ihre Wirkung im Keim erstickt wird. Rahmenbedingungen zu schaffen, die diese Prozesse ermöglichen, ist nicht optional, sondern fakultativ. Die Verantwortung hierfür liegt nicht beim Individuum allein, sondern auch bei Staat und Gesellschaft. Die Kontextbedingungen vor Ort und die Vielschichtigkeit der Probleme müssen in sinnvolle Hilfeprozesse mit einbezogen werden. Dies klingt so banal, dass es fast nicht der Rede wert ist. Und dennoch begegnet man, insbesondere im Anschluss an »die Flüchtlingskrise« 2015 wieder vermehrt Angeboten, insbesondere traumatherapeutischer Art, die ausschließlich das Individuum im Fokus haben. Sie tun so, als liege ein isoliertes psychisches Problem, beispielsweise ein nicht verarbeitetes Trauma vor. Dieses Trauma soll schlimmstenfalls mit westlichen Methoden behandelt und »repariert« werden, bestenfalls fließen in die Behandlung transkulturelle Überlegungen und Ansätze mit ein. Diese Betrachtung ist attraktiv, auch für Geldgeber, weil sie so klar und geradlinig ist. Sie berücksichtigt jedoch nicht den komplexen Kontext, in dem Geflüchtete sich nach ihrer Ankunft in Deutschland bewegen und geht daher an vielen Bedarfen vorbei. Isolierte Angebote können immer nur einen sehr isolierten Bedarf decken. Das heißt, sie können durchaus hilfreich sein, aber – da sie sich nicht oder nur sehr begrenzt individuell anpassen lassen – nur für eine sehr kleine Gruppe, die zufällig genau diesen Bedarf hat. Diese Gruppe gezielt aufzuspüren, ist meist nicht möglich. Dies führt dazu, dass isolierte Angebote auch für diejenigen gemacht werden, deren Bedarf sie nicht decken. Durch unpassende Angebote werden Ressourcen verschwendet und die Lage von Betroffenen kann so noch verschlimmert werden.

Therapeutische Arbeit mit Geflüchteten kann nur dann erfolgreich sein, wenn sie auch »Sozialarbeit« ist, das heißt, das soziale Umfeld, die Wohn- und finanzielle Situation und die Aufenthaltssituation mit einbezieht. Dies kann auf unterschiedliche Arten geschehen. Je nach Möglichkeiten und Vorlieben können Therapeuten teilweise selbst begleiten oder initiieren oder aber »outsourcen«, das heißt weitervermitteln. Daher benötigen wir analog zur komplexen Realität komplexe und multimodale Behandlungsansätze. Traumatisierte Geflüchtete benötigen in der Regel eine Kombination aus medizinischer, psychotherapeutischer, beraterischer und begleitender Unterstützung. Nur durch eine Vielzahl von Angeboten, die gleichberechtigt nebeneinander stehen und bedarfsorientiert einzeln oder in Kombination genutzt werden können, kann eine sinnvolle, klientenzentrierte Hilfe gewährleistet werden. Hilfreich bei der Wahl und Zusammenstellung der Angebote ist es, eine handlungstheoretische Perspektive einzunehmen (Gukelberger, 2015). Führt die »Hilfe« zu mehr Handlungsfähigkeit, ist sie empowernd? Versetzt es das Gegenüber in die Lage, sein Leben mehr als vorher in die Hand zu nehmen und zu gestalten? Setzt man diesen Grundsatz als Maßstab, so erübrigt sich die Diskussion um Resilienz und Vulnerabilität weitestgehend. Stattdessen können Handlungsfähigkeit und Handeln an sich als Gegenstück zu Passivität, Resignation und Stagnation gesehen werden. Ausschlaggebend ist die Bewegung und die Veränderung, die nicht von außen induziert, sondern von den Betroffenen selbst gewollt und initiiert sind. Wird eigenes Handeln, das Veränderungen herbeiführt, wahrgenommen, so stellt sich Resilienz ganz von alleine ein.

6.2 Resilienz und Co.:
Risiken und Nebenwirkungen

Neben der Frage, ob stärkenorientierte Konzepte für die praktische Arbeit notwendig sind, stellt sich diejenige, ob sie nicht sogar Schaden anrichten können. Offensichtlich ist zunächst das Risiko der inflationären Verwendung. Durch ihren relativen Neuigkeitswert und ihr Dasein als Modebegriff wird insbesondere »Resilienz« oft unreflektiert verwendet und für vieles herangezogen, dass durch andere Begriffe wie Ressourcen, Stresstoleranz, Nachhaltigkeit oder Verantwortungsverlagerung besser erklärt werden kann. Fakt ist, dass Resilienz und andere stärkenorientierte Konzepte weit verbreitet sind, vielfach Anwendung finden und nicht mehr wegzudenken sind. Das heißt, wir kommen nicht drum herum, uns mit ihnen auseinanderzusetzen. Es empfiehlt sich jedoch, genau und kritisch hinzuschauen, wenn von stärkenorientierten Ansätzen die Rede ist: Was genau beinhalten sie? Wer profitiert davon? Wer bietet zu welchem Zweck welche Maßnahmen an? Wer führt sie durch?

Hinzu kommt das Risiko der missbräuchlichen Verwendung. Mit einem isolierten und engen Begriff der Stärkenorientierung zu operieren, der Resilienz als innere Fähigkeiten, mit traumatischen Lebensereignissen klarzukommen, definiert, kann für Betroffene schädlich sein. Diese Vorgehensweise ignoriert die äußere Welt und betrachtet Geflüchtete losgelöst vom Kontext im Herkunfts- und Aufnahmeland. Dieser wird lediglich insofern mit einbezogen, als dass er Belastungen und negative Lebensereignisse verursacht. Dies ist richtig, greift aber zu kurz. Wenn diese Belastungen nicht als veränderbar, sondern als gegeben angenommen und ausschließlich an Resilienzförderung im Sinne der Stärkung der inneren Fähigkeit, mit diesen Belastungen umzugehen, gearbeitet wird (Merk, 2015), so geschieht das Gegenteil von Empowerment. Die Handlungsmöglichkeiten werden eingeschränkt, die Suche nach Sinn und Gerechtigkeit im Keim erstickt. Resilienzförderung ist dann weder fair noch demokratisch, sondern maskiert schlicht die Tatsache, dass Ressourcen extrem ungerecht verteilt sind, und zementiert existierende Machtverhältnisse (Neocleous, 2015). Für diejenigen, die in Deutschland mit Geflüchteten arbeiten, besteht die Gefahr von »Katastrophenmanagement« durch ausschließliche Arbeit am Individuum und somit von Akzeptanz der meist nicht förderlichen Aufnahmebedingungen.

Auch die gegenteilige Idee vom mehr oder weniger starken und resilienten Individuum im Kampf gegen eine aversive Bedingungen generierenden Umwelt ist zu einseitig und eng. Resilienz entsteht, zeigt sich und wird aufrechterhalten, geschwächt oder gestärkt in positiven und negativen Interaktionen mit der (sozialen) Umwelt. Sie ist somit auch die Fähigkeit der Umwelt, dem Individuum Ressourcen und Möglichkeiten in ausreichendem Maß zur Verfügung zu stellen (Lenette, Brough u. Cox, 2012), damit es nicht nur überleben, sondern gesund bleiben kann.

Ein weiteres Risiko, insbesondere in der Arbeit mit Menschen, die multiplen und lang anhaltenden traumatischen Sequenzen ausgesetzt waren, besteht darin, dass ausschließlich stärkenorientierte Ansätze zu kurz greifen, wo individuelle Beschreibungen von Überlebensgeschichten vonnöten sind. Geflüchtete haben oft eine jahrelange Odyssee hinter sich, haben vielfältigen Gefahren getrotzt und es scheint wie ein Wunder, dass sie es geschafft haben, hier anzukommen. Diese Lebenswege müssen von der Person selbst erzählt und bewertet werten. Meist spielen Faktoren wie Mut, Anpassungs- und Durchhaltefähigkeit, aber auch sozioökonomische Ressourcen und oft der Zufall oder die göttliche Fügung eine Rolle. Das Ankommen allein der Resilienz zuzuschreiben wird diesem vielfältigen individuellen Erklärungsansätzen nicht gerecht (siehe Abbildung 3, S. 71, in Kapitel 7.3).

Wenn belastende oder traumatische Lebensereignisse in der Vergangenheit weitestgehend außer Acht gelassen werden, besteht die Gefahr der Verharmlosung. Krieg, Gewalt und unmenschliche Lebensbedingungen werden normalisiert. Warum sollte man sie angesichts der zunehmenden Anzahl derartiger Ereignisse und allein aufgrund ihrer Häufigkeit auch nicht als normal ansehen? Weil dies das Risiko birgt, unmenschliche Lebensverhältnisse im Herkunfts- oder Aufnahmeland ideologisch zu legitimieren. Diejenigen Menschen, die nicht damit klarkommen, sondern krank werden oder sterben, werden demzufolge als unnormal, unangepasst oder eben nicht resilient angesehen. Die menschliche Psyche kann in der Regel tatsächlich, wie bereits beschrieben, eine Vielzahl von negativen Lebensereignissen verkraften. Alle Menschen gelangen jedoch an einen Punkt, ab dem sie nicht mehr »funktionieren«, wo der Glaube an sich selbst und die Welt so tiefgreifend erschüttert ist, dass sie einfach nicht mehr so weitermachen können wie bisher. Das bedeutet, dass nicht das Krankwerden oder Aufgeben unnormal ist, sondern die Art und Vielzahl der kritischen Lebensereignisse es sind, wenn sie das Maß des von Menschen Verkraftbaren übersteigen und sprengen. Setzt man jedoch voraus, dass jeder (andere!) Mensch prinzipiell ausreichend resilient ist oder gemacht werden kann, um jeder Art und Anzahl von belastenden Lebensereignissen zu trotzen, so ignoriert man diese Tatsache. Es besteht das Risiko der Verantwortungs- und Schuldzuschreibung. Denn wer über eine Fähigkeit verfügt, trägt auch die Verantwortung dafür, sie gut zu nutzen (von Freyberg, 2015). Nicht-resiliente Menschen werden dann implizit oder gar explizit mit Labeln wie »selber schuld« oder »zu schwach«

versehen. Dies wiederum wirkt sich auf Hilfeleistungen aus. Teufelskreisläufe entstehen.

Darüber hinaus besteht die Gefahr der Normalisierung auf Seiten der Betroffenen oder des Umfelds im Sinne von (äußerlicher) Akzeptanz unveränderlicher und unbeeinflussbarer Belastungen. In Bezug auf Gewalt und alltäglichen Überlebenskämpfen kann es zu einer Toleranzentwicklung kommen. Diese Akzeptanz ist nicht mit Resilienz zu verwechseln, sondern Ausdruck erlernter Hilflosigkeit (Lenette, Brough u. Cox, 2012). Sie geschieht in Form passiven Resignierens angesichts der wahrgenommenen, nicht ausreichenden eigenen Möglichkeiten. Zwar funktionieren die Betroffenen oft nach außen hin immer noch relativ gut, sie beschweren sich nicht, fordern nichts. Aber innerlich ist ihr Lebens- und Veränderungswille auf einem Tiefpunkt – das genaue Gegenteil von Resilienz. Eine wirkliche Toleranzentwicklung gegenüber enormen Stressoren wie traumatischen Lebensereignissen ist nicht möglich. Sie wirken sich immer kumulativ aus und führen bei jedem Menschen irgendwann dazu, dass die Schwelle zur Krankheit überschritten wird.

7 Sinn und Unsinn stärkenorientierter Ansätze

7.1 Die Frage nach dem Sinn des Lebens

Ist größtmögliche Resilienz tatsächlich stets erstrebenswert? Oder ist sie in gewissen Lebenslagen einfach Wahnsinn? Ist es absurd, angesichts lebensfeindlicher Umstände und sinnwidriger Erlebnisse trotzdem weiterzumachen? Sind nicht vielmehr diejenigen, die aufgeben oder krank werden, die rationalen »Normalen«? Warum um alles in der Welt sollten Menschen, insbesondere traumatisierte Geflüchtete, resilient sein und wider besseres Wissen immer weiter kämpfen? Hieße das nicht, nicht aus Erfahrungen zu lernen, nicht klug zu werden?

Jeder Sinn, der dem Leben »verliehen« wird, ist ein artifizieller, angenommener. Er ist dem Leben nicht inhärent. Das nackte Leben an sich ist im Grunde sinnlos. Oft gelingt es jedoch trotz dieser erschreckenden Erkenntnis der Sinnlosigkeit, dem Leben (neuen) Sinn einzuhauchen. Dies kann in Form von Religiosität oder Spiritualität geschehen, durch die Verpflichtung zur Fürsorge für andere, insbesondere für eigene Kinder, durch eine sinnstiftende (Arbeits-)tätigkeit, Freundschaften, Sport, Spracherwerb, das Gefühl, gebraucht zu werden oder dazuzugehören. Meist sind es Kombinationen dieser Faktoren, die zusammenwirken.

Ist der Versuch der Sinnstiftung oder Sinngebung demzufolge eine Selbsttäuschung oder eine Täuschung durch »Helfende«? »Ja und Nein«, muss die Antwort lauten. Oder vielmehr: »Weder noch.« Die Frage ist falsch gestellt oder irrelevant. Es geht nicht darum, der »Wahrheit« auf den Grund zu gehen. Die Frage nach dem Sinn des Lebens

zielt vielmehr auf die Lebensqualität auch unter der un-
veränderlichen Bedingung der Sinnlosigkeit. Das heißt
nicht, dass Lebensqualität unabhängig vom Gefühl der
Sinnhaftigkeit ist. Beide Faktoren hängen eng miteinander
zusammen. Beiden zugrunde liegt die Grundsatzentschei-
dung, trotzdem weiterzumachen und das Leben an sich
wertzuschätzen. Diese Entscheidung muss jeder Mensch
immer wieder neu für sich treffen und damit für sich und
das eigene Leben einen Unterschied machen.

7.2 Nicht auf die Verpackung, auf den Inhalt kommt es an

Bisher wurden verschiedene Konzepte beschrieben, erläutert und kritisiert, die im Zusammenhang mit stärkenorientierten Ansätzen auftauchen und auf unterschiedliche Art definiert und verwendet werden. Wie können wir
diese Konzepte dennoch sinnvoll einsetzen? Oft scheinen
sie nicht trennscharf zu sein oder die Realität nicht gut ab-
zubilden. Wie hängt beispielsweise das Resilienzkonzept
mit dem schon länger Anwendung findenden Ressourcenansatz zusammen? Beide sind stärkenorientiert und stellen das kompetente, aktive Individuum in den Mittelpunkt.
Einerseits kann Resilienz als eine spezifische Ressource,
nämlich die seelische Widerstandskraft definiert werden
(von Freyberg, 2015), andererseits beinhalten Resilienzfaktoren verschiedentlich Ressourcen, insbesondere wenn
das Konzept als Interaktionsprozess mit der Umwelt betrachtet wird. Es ist also ein Zirkelschluss: Resilienz ist
eine Ressource und Ressourcen sind ein Teil der Resilienz.
Je nach Definition und Autor findet man beide Herangehensweisen. Schlussendlich werden beide Konzepte vielfach synonym und in einem Atemzug mit den Begriffen
Kompetenzen und Fähigkeiten verwendet, um ganz ähn-
liche Prozesse und Zusammenhänge zu beschreiben. »Das

Resilienzkonzept begründet, verstärkt und justiert den Ressourcenansatz: Die generelle Annahme von Resilienz kann zum einen die Perspektive auf die spezifischen Ressourcen des jeweiligen Falls stärken. Es kann zum anderen zur pädagogischen und therapeutischen Arbeit auch mit den schwierigsten und anscheinend hoffnungslosesten Fällen motivieren« (von Freyberg, 2015, S. 45 f.).

Haben stärkenorientierte Konzepte wie Resilienz denn schlussendlich einen Mehrwert in der Arbeit mit Geflüchteten, der über ihren relativen Neuigkeitswert und das damit einhergehende umfassende Interesse an der Thematik hinausgeht? Haben sie einen zusätzlichen Erklärungswert, der sie gegenüber verwandten Begriffen, wie sie bereits seit vielen Jahrzehnten in Stressmodellen und -konzepten (z. B. Lazarus u. Launier, 1981; Zubin u. Spring, 1977) verwendet werden, hervorhebt? Ermöglichen sie Erkenntnisgewinne oder neuartige praktische Methoden, die mithilfe anderer Begriffe oder Konstrukte nicht möglich sind? Oder handelt es sich um alten Wein in neuen Schläuchen?

Wenn in periodischen Abständen neue Begriffe geprägt werden, um Ähnliches zu beschreiben, so ist dies einerseits verwirrend, andererseits scheint es aber auch notwendig zu sein, um sich von alten Konzepten und Ansätzen abzugrenzen – mag dies aus persönlicher Eitelkeit oder ökonomischer Notwendigkeit geschehen. Neue Konzepte kommen und veralten auch wieder. Dies zu lamentieren, kostet nur weitere Ressourcen.

Einerseits kann mithilfe der Begriffe Ressourcen, Stärkenorientierung, Empowerment, ohne diese mit Resilienz gleichsetzen zu wollen, genauso wirksame und sinnvolle Arbeit geleistet werden wie mit dem Begriff Resilienz, meist ohne die beschriebenen Risiken des Resilienzkonzepts. Andererseits kann Resilienz und der Vergleich mit dessen Anwendung in anderen Disziplinen eine nützliche Linse sein, durch die das Überleben unter unmöglichen Be-

dingungen betrachtet und gewürdigt werden kann. Auch
für die Analyse von Risiken und Herausforderungen in
der professionellen Unterstützung Geflüchteter kann das
Konzept nützlich sein (Ensor, 2014).

Ich möchte daher weder eine Lanze für noch gegen stärkenorientierte Ansätze, insbesondere das Resilienzkonzept
brechen. Entscheidend ist, wie Begriffe in Handeln übersetzt werden. Daher ist es wichtig, immer dann, wenn von
Resilienz, stärkenorientierten Ansätzen oder Salutogenese
die Rede ist, genau zu prüfen, was damit gemeint ist. Die
Definitionen und Inhalte gehen, wie beschrieben, so weit
auseinander, dass es sich eher um ein loses assoziatives
Netzwerk verwandter Begriffe handelt als um einheitliche
Konzepte. Dienen sie dazu Geflüchteten, die nach Deutschland kommen nicht per se und von Vornherein Traumatisierungen, Defizite und multiple Unterstützungsbedarfe zu
unterstellen, sondern auch die individuellen Stärken und
Ressourcen im Blick zu haben, so können sie sehr hilfreich
sein. Sind Ziel und Zweck jedoch, soziale und gesellschaftliche Verantwortung abzugeben und den Einzelnen losgelöst vom Kontext für sein Wohlergehen verantwortlich
zu machen, so kann damit viel Schaden angerichtet werden.

7.3 Ordnung im Chaos: Wie hängen
die Konzepte zusammen?

Wie können Resilienz und Vulnerabilität mit posttraumatischen Erkrankungen und posttraumatischem Wachstum verknüpft werden? Welche Resilienzfaktoren wirken
wann und wie? Welche Rolle spielen Ressourcen und Belastungen dabei? Wie sehen die beschriebenen wechsel-
seitigen Interaktionen zwischen Individuum und Umwelt
aus? Wer beeinflusst was zu welchem Zeitpunkt? Wie und
an welcher Stelle kommen Empowerment und Selbstorganisation ins Spiel? Abbildung 3 stellt einen Versuch

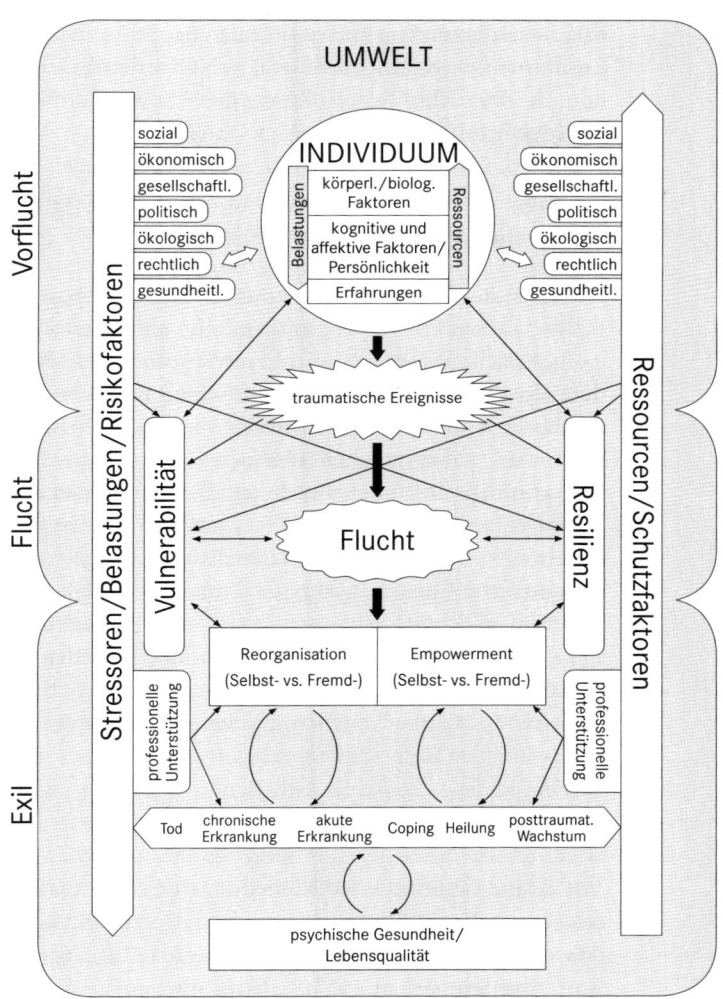

Abbildung 3: Konzept für die Verknüpfung von Resilienz und Vulnerabilität mit posttraumatischen Erkrankungen und posttraumatischem Wachstum

dar, die in diesem Band beschriebenen Begriffe und deren
Zusammenhänge zu verbildlichen. Sie verdeutlicht die
komplexen, nicht linearen Zusammenhänge und bildet
Wechselwirkungen und Kreisläufe ab.

7.4 Was hilft, was schadet, was ist unnötig in der Arbeit mit Geflüchteten?

Flucht ist kein psychisches und erst recht kein psycho-
pathologisches Phänomen, sondern ein politisches, soziales, gesellschaftliches und nicht zuletzt rechtliches (Papadopoulos, 2007). Sie ergibt sich oft als einzig mögliche oder
machbare Konsequenz bestimmter sozioökonomischer,
politischer und rechtlicher Schieflagen. Die unfreiwillige
Migration in ein unbekanntes, gänzlich fremdes Land
mit einer fremden Sprache, Kultur, fremden Werten und
Regeln erfordert in erster Linie auch soziale, legale und
ökonomische Anpassungsprozesse, um das Überleben zu
sichern. Geflüchtete haben erfolgreich viele Hürden über-
wunden, um nach Deutschland zu kommen. Finden sie
hier machbare Bedingungen vor, gelingt ihnen oft auch das
Ankommen auf allen Ebenen mit wenig oder gar keiner
professionellen Unterstützung. Diejenigen, die es schaffen,
sich ein neues Leben zu erschließen, fallen in der professionellen Debatte überhaupt nicht auf, sie erscheinen nicht
oder nur am Rande im Hilfe- und Gesundheitssystem.

Oft sind Geflüchtete jedoch in der paradoxen Situation,
dass traumatische Erlebnisse und deren Folgen ihr »sym-
bolisches Kapital« (Lenette, Brough u. Cox, 2012, S. 641)
sind, mit dem sie im aufenthaltsrechtlichen Verfahren
wuchern können. Aufgrund dieser Folgen dürfen sie in
Deutschland bleiben, aber nur so lange, bis diese nicht
mehr in ausreichendem Maß vorhanden sind und keinen
Störungswert mehr haben. Dies steht der Salutogenese
und dem den Menschen innewohnenden Bedürfnis nach

einem gesunden, erfüllenden Leben diametral entgegen. Zudem besteht der Anspruch der Aufnahmegesellschaft, dass die Neuankömmlinge sich integrieren und funktionieren sollen. Eine Auflösung dieser ausweglosen Situation kann oft nur nach langer Zeit und durch die Veränderung der äußeren Umstände, beispielsweise durch einen dauerhaften Aufenthalt, stattfinden.

Stärkenorientierte Ansätze – wenn sie nicht ausschließlich und nicht unreflektiert zur Anwendung kommen – können auf diesem langen und zähen Weg sehr unterstützend sein. Man kann nicht erfolgreich helfen, wenn man das Leiden ignoriert oder bagatellisiert. Bei aller Lösungsorientierung und Zukunftsgerichtetheit müssen Belastungen in Vergangenheit und Gegenwart ihren Platz bekommen. Ziel muss es jedoch sein, dem Leiden etwas entgegenzusetzen, Hoffnung für die Zukunft zu entwickeln und Ausnahmen, kleine Momente der Freude und Zufriedenheit wahrzunehmen (Reddemann, 2017).

Stärkenorientierte Konzepte in der Arbeit mit Geflüchteten können also nur dann sinnvoll verwendet werden, wenn Helfende es sich zur Aufgabe machen, durch gezielte und bedarfsorientierte Unterstützung Empowerment, Resilienz, Selbstorganisation und Selbstheilung zu fördern. Es geht nicht darum, etwas für Betroffene zu tun, sondern gemeinsam mit ihnen und von ihnen kontrolliert Prozesse zwischen Individuum und sozialem, politischem und gesellschaftlichem Kontext zu fördern. Konzepte wie Resilienz können hierbei hilfreich sein, insbesondere in der Kommunikation zwischen Professionellen. Für Geflüchtete selbst sind sie meist beliebig und austauschbar, wie übrigens der Traumabegriff auch. Wichtig für Betroffene ist, worunter sie leiden, die spezifischen Symptome wie Schlafstörungen, Alpträumen, Hoffnungslosigkeit angesichts der Zukunft etc. und was ihnen helfen kann, weniger zu leiden.

8 Die praktische Arbeit mit stärkenorientierten Ansätzen

8.1 Resilienz stärken?

Die Idee von der Stärkung der Resilienz treffen wir in der Katastrophen- und Nothilfe an. Es geht darum, gefährdete Personengruppen meist präventiv gegen kommenden Stress in Form von Naturkatastrophen, kriegerischen Auseinandersetzungen oder Hungersnöten zu »immunisieren«. Die Resilienz soll gestärkt werden, um standzuhalten, wenn der Katastrophenfall eintritt. Dieser Ansatz wird durchaus kritisch betrachtet (Medico international, 2017; Neocleus, 2015).

Im Kontext der Arbeit mit Geflüchteten im Exilland ist das Kind häufig schon in den Brunnen gefallen: Bevor Geflüchtete in Deutschland ankommen, haben sie oft viele belastende oder traumatische Ereignisse erlebt, die sie mehr oder weniger gut, also mehr oder weniger resilient verkraftet haben. Daher liegt Unterstützungsansätzen meist kein präventiver, sondern ein kurativer Fokus zugrunde. Versuchte man dennoch, die Vorgehensweisen in Kriegs- und Krisenregionen analog auf die Arbeit mit Geflüchteten in Deutschland zu übertragen, müssten Unterstützungsansätze darauf abzielen, resiliente von nicht resilienten Menschen zu unterscheiden und insbesondere die nicht resilienten für den Umgang mit weiteren Belastungen in der Zukunft fitzumachen, auch als sekundäre und tertiäre Prävention, um weiteres Leid, Chronifizierung und Verschlechterung der Symptomatik zu verhindern. Nicht-Resilienz würde dann an bereits bestehenden Erkrankungen und am Risikopotenzial festgemacht. »Hoch-

risikopopulationen« würden identifiziert: diejenigen, die
in Notunterkünften wohnen, keine Aussicht auf einen Aufenthalt haben, viele und schwerwiegende traumatische Erlebnisse hinter sich haben. Diese wären die Zielgruppen
für resilienzstärkende Angebote, die bestimmte, vorher
festgelegte Resilienzfaktoren fördern. Solche Vorgehensweisen würden sehr viele falsche Positive und falsche Negative produzieren, nämlich Menschen, die ein bestimmtes
Unterstützungsangebot nicht benötigen, aber daran teil-
nehmen sollen, und Menschen, die kein derartiges Angebot bekommen, weil bei ihnen nicht ausreichend viele
der in die Auswahl mit einbezogenen Risikofaktoren vorhanden sind, die aber von einem Unterstützungsangebot
profitieren würden. Dies würde bedeuten, dass die knap-
pen Unterstützungsangebote an den Bedarfen vorbei zur
Verfügung gestellt würden. Notwendige Unterstützung
würde nicht diejenigen erreichen, die davon profitieren
könnten, andere würden gegen ihren Willen und Bedarf
»versorgt«. In einer Analyse resilienzstärkender Angebote,
die die Suizidrate bei ehemaligen Soldaten senken sollten,
fanden Bonanno und seine Kollegen (2011), dass »diese
Angebote erstaunlich ineffektiv waren« (S. 523, Übersetzung E. K.). Ähnliches gilt für andere Kurzzeitinter-
ventionen, die nicht individualisiert angewandt werden.

Grundsätzlich kann davon ausgegangen werden, dass
jeder Mensch von Natur aus über ein gewisses Maß an Resilienz verfügt, das mehr oder weniger unter vergangenen
Ereignissen gelitten hat und nun mit oder ohne professionelle Unterstützung wieder aufgebaut und gestärkt werden
sollte. Aufgund der quantitativ und qualitativ sehr unterschiedlichen Bedarfe, die sich aus den diversen Vorge-
schichten, Persönlichkeiten, sonstigen Ressourcen etc. ergeben, macht es menschlich und ökonomisch gesehen Sinn,
statt eines One-size-fits-all-Angebots ein nach Möglichkeit
vielfältiges Angebot von Beratung, Psychotherapie, Beglei-

tung, Gesprächsgruppen, Weitervermittlung etc., wie es die psychosozialen Behandlungszentren für Geflüchtete in Deutschland bereithalten,[3] anzubieten. Um die Erreichbarkeit zu erhöhen, haben sich auch aufsuchende Angebote bewährt, die direkt in den Wohnheimen stattfinden. Die verschiedenen Angebote können individuell und bedarfsorientiert in Anspruch genommen werden. So wird das Risiko, dass Bedarf und Angebot nicht zueinander passen und im besten Fall nicht geholfen haben, im schlechteren Fall sogar Schaden angerichtet werden kann, vermieden.

Diejenigen, die professionelle Unterstützung suchen, leiden meist unter den Folgen traumatischer Erlebnisse und unter alltäglichen Belastungen. Sie kommen mit dem Anliegen in die Beratung oder Therapie, Traumafolgesymptome und Probleme loszuwerden. Professionelle Hilfe in Form von Beratung oder Psychotherapie kann sich für diejenigen als resilienzförderndes Instrument erweisen, die nicht »von allein wieder auf die Beine kommen.« So ist der Blick entweder nach einer langen Zeit des Überlebenskampfes oft auf Negatives, auf potenzielle Gefahren gerichtet, oder nach wiederholtem Frustrationserleben wird er gar nicht mehr gehoben, sondern bleibt resigniert am Boden haften. Menschen haben aufgegeben, sehen keine Möglichkeit mehr weiterzumachen, werden depressiv. In derartigen Situationen können Helfende die Perspektive Geflüchteter durch eine Außenperspektive ergänzen. So kann gemeinsam eine neue Sichtweise gewonnen werden, die wiederum Handlungsmöglichkeiten eröffnet, die allein nicht wahrgenommen oder realisiert werden konnten. Manchmal ist hier gerade eine Beschäftigung mit der Vergangenheit, in der Flucht und Überleben als Kompetenz- und Resilienzleistung gewürdigt werden, hilfreich, um die

---

3   Für eine Auflistung siehe: http://www.baff-zentren.org/behandlungszentren/

Dichotomie von schwarz oder weiß zu durchbrechen und Graustufen sichtbar zu machen.

Der Versuch, Resilienz zu stärken, um diese Belastungen zu meistern, kann dann hilfreich sein, wenn er nicht auf bestimmte Veränderungen abzielt, die sich in Form von beobachtbarem Verhalten manifestieren. Stattdessen sollte der Blick erweitert und die Klientensicht zur Grundlage des Handelns gemacht werden. Macht man sich die Mühe, nachzufragen, erweist sich das Leben von Geflüchteten oft als eine Aneinanderreihung größerer und kleinerer Katastrophen, die sich im alltäglichen Leben manifestieren. Daher muss zunächst ein gemeinsames Verständnis dafür hergestellt werden, wie das Leben stattdessen aussehen sollte: Wie sehen Klienten Krankheit und Gesundheit? Was sind akzeptable Ausdrucksweisen psychischer Symptome? Welche Erklärungen haben sie dafür? Welche Verhaltensweisen, Gedanken, Gefühle bezeichnen sie als resilient, welche als vulnerabel? Wo sind Widersprüche zu westlichen Vorstellungen und wo ecken diese im Gesundheitssystem an? Wer entscheidet, was angemessene und akzeptable Verhaltensweisen sind und was gesund oder krank ist?

Einer meiner unbegleiteten minderjährigen Klienten möchte beispielsweise weiter zur Schule gehen und lernen. Von Seiten seiner Betreuer wird ihm nahegelegt, eine Ausbildung zu beginnen, um seinen Aufenthalt durch eine sogenannte »Ausbildungsduldung«[4] abzusichern.

Welches Verhalten ist resilienter? Den Fokus aufs Lernen zu legen, Ziele und Wünsche im Leben zu haben und alles daranzusetzen, sie zu verwirklichen oder auf die Sicher-

---

4   Nach § 60a Abs. 2 S. 4 ff. AufenthG.

heit zu setzen, erst mal hierzubleiben, und die inhaltliche Lebensgestaltung hintenanstellen? Die Frage kann nicht beantwortet werden, letztlich muss jeder Mensch selbst entscheiden und mit den Konsequenzen der Entscheidung leben. Helfende können nicht die Verantwortung für das Leben anderer übernehmen und keine wirklichen Veränderungen in einem anderen Leben vornehmen. Daher bin ich sehr vorsichtig mit Ratschlägen, auch wenn diese auf der Hand zu liegen scheinen. Ich kann und will nicht die Verantwortung für die Konsequenzen gutgemeinter Ratschläge übernehmen. Deshalb ist es wichtig, auch im Sinne von Empowerment, dass die Entscheidung für einen von mehreren möglichen Wegen immer von Betroffenen selbst getroffen wird. Hierbei kann aber durch Information, Beratung und Begleitung durch Helfende ein Möglichkeitsraum geöffnet werden.

8.2 Einen Möglichkeitsraum schaffen

Um einen Raum zu schaffen, in dem Veränderung möglich oder sogar wahrscheinlich werden kann, benötigen wir Komplexität, im Sinne einer Mehr- oder sogar Vielzahl von Möglichkeiten. Oft sehen sehr belastete Geflüchtete ihren Handlungsspielraum eingeengt auf eine einzige oder sogar gar keine Möglichkeit: »Ich kann nur dasitzen und abwarten«, »Ich kann nichts tun.« Um die Verantwortung und den Druck weg vom Individuum allein zu nehmen, das durch den enormen Druck und Anspruch, alles richtig zu machen und schnell viel zu erreichen, vielfach gelähmt ist, ist es hilfreich an den Rahmenbedingungen zu arbeiten. Es sind Bedingungen dafür zu schaffen, dass Resilienz aktiviert, neu gebildet und etabliert werden kann. Dies erlebe ich besonders ausgeprägt mit unbegleiteten minderjährigen Geflüchteten. Diese sind oft einem enormen Druck ausgesetzt: durch Hinterbliebene im Herkunftsland, durch die Aufenthaltssituation in Deutschland und zudem oft durch die Überlebensschuld. Sie müssen schnell ankommen, Deutsch lernen, einen Schulabschluss machen, Geld verdienen, Erfolg haben. Bei diesen hohen äußeren Anforderungen bleibt oft das innere Ankommen auf der Strecke. Weder Zeit noch Energie sind dafür übrig. Um langfristig gut »funktionieren« zu können, ist aber beides vonnöten. Durch professionelle Unterstützer kann dies thematisiert und das bisher Erreichte gewürdigt werden. Tempo und Druck können aus dem Prozess genommen werden.

Einen Raum zur Verfügung zu stellen, kann auch ganz wortwörtlich genommen hilfreiche Unterstützung sein. Hierfür ein Fallbeispiel:

Eine tschetschenischstämmige Klientin, die jahrelang im Herkunftsland und in Polen für gemeinnützige Organisationen gearbeitet hatte und viel Lebenserfahrung mitbrachte, wollte gerne eine Gruppe für Frauen aus dem Kaukasus anbieten, die neu nach Deutschland gekommen waren und von lebenspraktischer Unterstützung profitieren konnten. Alles, was sie benötigte, war ein Gruppenraum und ein sehr geringes finanzielles Budget für Materialien und Fahrtkosten! Die Gruppe läuft sehr erfolgreich. Die Teilnehmerinnen profitieren von dem Angebot, die Gruppenleiterin bekommt positive Rückmeldungen und die Möglichkeit, etwas Sinnvolles zu tun.

In der Tat erlebe ich es oft, dass eine sinnvolle, tagesstrukturierende und -füllende Tätigkeit oft mehr zur Gesundung beiträgt, als Beratung oder Therapie es vermögen. Deren Aufgabe kann es aber sein, Klienten bei der kreativen Suche nach einer derartigen Betätigung zu unterstützen, zu stärken und zu begleiten. Dies kann ganz praktisch durch die Weitergabe von Informationen und die Vermittlung von Kontakten geschehen oder eher indirekt durch Stabilisierung, Ermutigung und die gemeinsame Entwicklung von Ideen, wobei gerade ungewöhnliche Ideen nicht sofort verworfen, sondern aufgenommen und weitergedacht werden sollten.

8.3 Hilfreiche Haltungen und Herangehensweisen

Resilienz, Empowerment und Selbstorganisation können nicht durch andere vermittelt oder gelehrt, sondern nur durch die Herstellung förderlicher Rahmenbedingungen unterstützt werden. Helfende können Türen öffnen und Veränderungen begleiten. Man braucht oft ein Gegenüber, um kreative Lösungen zu entwickeln. Hierbei sind Unterstützer hilfreicher, je »weniger« sie tun. Da zu sein, da zu bleiben und auszuhalten sind die ersten Voraussetzungen für gelingende Hilfe. Diese Grundvariablen stellen oft eine wirklich neue Erfahrung im Vergleich zu den vielen Beziehungsabbrüchen, Verlusten und dem erlebten »nicht willkommen sein« dar. Durch Zuhören und Spiegeln, das heißt dadurch, dass sie in eigenen Worten das Verstandene wiedergeben, geben Unterstützer Klienten die Möglichkeit zur Reflektion der eigenen Situation.

Weniger ist mehr: Menschen, die existenzielle Bedrohungen überlebt haben, leiden oft unter dem Gefühl, nicht mehr Teil der menschlichen Gemeinschaft zu sein und nur noch allein zu existieren (Korittko, 2017). Eine emotional bedeutsame Anbindung an Helfende ist ein wichtiger Schritt, um dieses Gefühl zu durchbrechen und damit Heilungsprozesse zu fördern. Dies kann eine echte Herausforderung sein, insbesondere wenn der Ausnahmezustand, das Warten auf bessere Zeiten und die fortwährende Bedrohung längst zum Alltag geworden sind und ein »normales« Leben fast nicht mehr vorstellbar ist. Geflüchteten fällt es dann oft sehr schwer, Ressourcen und eigene Stärken wahrzunehmen und in der Folge zu nutzen. Sie waren oft lange gezwungen, sich auf Gefahrenabwehr und Überleben zu fokussieren, so dass die positive Seite aus dem Blick geriet. Nehmen Sie professionelle Unterstützung in Anspruch, steht wieder die Idee im Raum, der Inhalt dieser Unterstützung sollten Defizite, Probleme und Krankheitssymptome sein. Um diese Einseitigkeit zu durchbrechen, kann stärkenorientierte professionelle Unterstützung sinnvoll sein: eine Unterstützung darin, die eigene Wahrnehmung und Interpretation nicht grundlegend zu verändern – das wäre weder möglich noch wünschenswert –, aber zu erweitern. Im besten Fall beinhaltet sie dann alle drei möglichen Aspekte: Was ist schlecht in meinem Leben und sollte sich ändern? Was ist in Ordnung und kann so bleiben, wie es ist? Was kann als Ressource genutzt werden, um Ersteres anzugehen?

Eine systemische Betrachtungsweise, die den Kontext, das soziale Umfeld mit einbezieht, ist hierbei hilfreich. Niemand ist allein krank. Auch wenn Familie, Gemeinschaft und Gesellschaft teilweise oder ganz im Herkunftsland verblieben oder verstorben sind, spielen sie in der Regel eine große Rolle im Leben von Geflüchteten. Oft macht es Sinn, sie durch entsprechende Fragen nach ihrer Rolle, ihrem Einfluss, ihren Aufträgen etc. in die Beratung oder Therapie mit einzubeziehen.

Helfende sollten eine Haltung des Wissens vom eigenen Nicht-Wissen einnehmen (Anderson u. Goolishian, 1992). Wissen hilft viel, die Überzeugung, viel zu wissen, verleitet aber gerne dazu, eigene Vorstellungen von Problemen und Lösungen zu ausschließlich und unreflektiert anzuwenden (Kleefeldt, 2017). Gerade in der interkulturellen Arbeit mit Geflüchteten können wir auch mit viel Erfahrung, Weiterbildungen oder eigenem interkulturellen Hintergrund niemals genug wissen, um Symptome, durch diese verursachte Leiden und mögliche Lösungsansätze von Klienten einordnen und verstehen zu können. Helfende können sich nie so gut in einem fremden Leben auskennen, wie derjenige, der es bisher gelebt hat. Nur Nicht-Wissen gibt die Möglichkeit, Wissenslücken gemeinsam mit Klienten kreativ und immer wieder neu zu schließen. Alles darf und muss erfragt werden (Kleefeldt, 2017). »Was ist das Problem?«, »Wie zeigt es sich?«, »Wie sehe ein Leben ohne oder mit weniger Problemen aus?«, »Was hat schon mal dagegen geholfen?«, »Wer könnte dabei unterstützen, es in den Griff zu bekommen?« Wenn diese und viele weitere Fragen in einem gemeinsamen Prozess beantwortet werden, können individuelle Bedeutung und Sinnhaftigkeit konstruiert werden. Klienten werden so in ihrer Rolle als Experten für ihr eigenes Leben gestärkt. Ebenso wie Unterstützer in der professionellen Interaktion in einer Expertenposition sind, da sie viel über das Leben in Deutschland sowie therapeutische und beraterische Methoden wissen, sind Klienten die Experten für ihr eigenes Leben. Auch diese Position ist eine stärkenorientierte, da sie darauf basiert, dass Klienten über die Fähigkeit verfügen, Probleme und Lösungen zu definieren. Das können nur sie selbst tun, da beides unmittelbar von der subjektiven Wahrnehmung und Interpretation, beispielsweise eines traumatischen Erlebnisses, und des eigenen Umgangs damit abhängt. Die Beziehung zwischen Unterstützern und Klienten ist kooperativ und auf Augenhöhe. Beide haben Expertenstatus. Verstehen und Bedeutung können in einem gemeinsamen, dialogischen Prozess von Frage und Antwort hergestellt werden.

Wichtig ist, die relative Natur des stärkenorientierten Arbeitens anzuerkennen und mit ihr zu arbeiten. Auch von uns als problematisch beurteilte Verhaltensweisen können Ausdruck von Selbstempowerment sein. Aggressives Verhalten schützt vor Nähe, Vermeidung schützt vor Ver-

letzung, gelingender Selbstschutz fördert das Resilienz-
erleben. Eine konstruktivistische Haltung fördert das
Verständnis zwischen Helfenden und Klienten. Sie bildet die Basis einer vertrauensvollen und erfolgreichen
Arbeitsbeziehung (Ungar, 2004). Eine konstruktivistische, inklusive und kontextsensible Sicht auf den gesamten Problemkomplex, den Geflüchtete mit in die Beratung
und Therapie bringen, ermöglicht es, über die westliche
individuumzentrierte Betrachtung von Symptomen und
Leiden hinauszugehen.

Die Zusammenhänge erweisen sich in der Praxis regelmäßig als zu komplex, um sie in ihrer Gänze erfassen zu
können. Dennoch ist es hilfreich, mögliche Variablen, die
gerade nicht bekannt oder bewusst sind, mitzudenken und
so zu dem Schluss zu kommen, dass alles auch ganz anders
sein könnte, dass der eingeschlagene Weg nur einer von
sehr vielen ist. In diese weit gefasste Herangehensweise
passt es auch, von Problemen und Lösungen zu sprechen,
statt von Symptomen, Krankheit und Resilienz. Letzteren
liegt bereits eine Interpretation durch Helfende zugrunde.

Ich arbeite viel mit »Normalisierung«. Es ist normal,
nach traumatischen Erlebnissen schlecht zu schlafen,
unter ungewollten, sich aufdrängenden Erinnerungen
zu leiden und im Alltag nicht mehr so gut zu funktionieren. Traumafolgesymptome sind ein gesunder Schutz-
mechanismus, der sich angesichts menschlich nicht zu
verstehender, einzuordnender und zu verkraftender leid-
voller Ereignisse einstellt. Sie können daher an und für
sich kein Indikator für mangelnde Resilienz sein. Unter
den Bedingungen, mit denen Geflüchtete oft über einen
langen Zeitraum konfrontiert sind, muss man davon ausgehen, dass es der Normalfall ist, dass Ressourcen nicht
wahrgenommen und genutzt werden können, insofern
sie überhaupt vorhanden sind. Es ist als außerordentliche
Fähigkeit zu bewerten, wenn dies dennoch gelingt.

Die beschriebenen »niedrigschwelligen«, nicht direktiven Haltungen und Herangehensweisen passen sehr gut mit stärkenorientierten Konzepten zusammen bzw. Konzepte und Herangehensweisen sind zwei Seiten einer Medaille – Theorie und Praxis.

9 Resilienz, Empowerment, Selbstorganisation – Schlussfolgerungen

Auch resiliente, ermächtigte und selbstorganisierte Menschen müssen und können nicht allen traumatischen und negativen Lebensereignissen trotzen und unberührt aus aller persönlichen Tragik hervorgehen. Vielmehr gelingt es ihnen, nicht aufzugeben, trotz Deformationen und unter Umständen zeitweiligem Zusammenbrechen weiterzumachen, und zwar so lange, bis eine neue Perspektive gefunden werden kann.

Resilienz ist nicht an der punktuellen Widerständigkeit gegenüber extremen Belastungen festzumachen, sondern im alltäglichen Durchhalten angesichts schwankender und schwieriger bis bedrohlicher und lebensgefährlicher Lebensbedingungen. Resilienz ist also nicht ein Zustand der Abwesenheit psychopathologischer Symptome nach traumatischen Lebensereignissen, sondern ein Prozess, der niemals komplett abgeschlossen ist. Sie ist keine Stabilität, sondern Anpassung, Widerstand, Neuorganisation.

Ungerecht verteilte Ausgangsbedingungen und (von Menschen verursachte) traumatische Lebensereignisse müssen hierbei weder klaglos hingenommen und ausgeblendet werden, noch müssen sie zu Aufgabe und Resignation führen. Zwischen diesen beiden Polen gibt es einen Gestaltungsspielraum. In der Zugänglichmachung dieses Raumes, der unter Umständen neue Möglichkeiten für die Zukunft eröffnet, kann professionelle Hilfe unterstützen.

Je nachdem, welcher Profession Helfende angehören und was ihr Auftrag ist, unterscheiden sich ihre Möglichkeiten, mithilfe von stärkenorientierten Ansätzen Selbsthilfe und Selbstheilung zu fördern. Rechtsanwälte haben andere Möglichkeiten als Ärzte und diese wiederum andere als Sozialarbeiter oder Psychotherapeuten. Immer sind die Möglichkeiten jedoch eingegrenzt durch rechtliche, politische und gesellschaftliche Rahmenbedingungen. Diese Mauern können nicht einfach eingerissen werden. Helfende sollten Klienten und sich selbst die eigene Begrenztheit ehrlich eingestehen. Gelegentlich erweisen sich Grenzen als unüberwindbar, gelegentlich als dehnbar, manchmal passieren auch Wunder. Das bedeutet nicht, dass die Gegebenheiten, wie sie gerade sind, hingenommen werden sollten. Für Menschenrechte sollten die Betroffenen selbst und die Helfenden einstehen und streiten. So lange, bis in diesem Prozess durchschlagende Erfolge erzielt werden, empfiehlt es sich, die Erwartungen niedrig zu halten und in der Folge gelegentlich positiv überrascht zu sein.

Stärkenorientierte Ansätze können empowernd sein, indem sie Klienten dabei unterstützen, interne und externe Ressourcen zu finden, wiederzufinden oder neu zu erfinden. Die Auswahl und Anwendung dieser Faktoren kann jeder nur für sich leisten. Es muss ein Prozess der Selbstorganisation stattfinden, der die Brücke zwischen einer Vergangenheit, in die nicht zurückgekehrt werden kann und will, und einer Zukunft, die zunächst im Dunkeln liegt oder gar nicht vorhanden scheint, zu schlagen. Die Tauglichkeit und Brauchbarkeit stärkenorientierter Konzepte muss individuell im jeweiligen Einzelfall und zum jeweiligen Zeitpunkt überprüft werden. Bei diesem Prozess können (professionelle) Helfer durch Begleitung, Beratung, Therapie unterstützen. Sie können ein Gegenüber darstellen, das durch eine offene und flexible Haltung dem Betroffenen selbst hilft, einen neuen Möglichkeitsraum zu eröffnen, innerhalb dessen kreative Lösungen entwickelt und gefunden werden können.

Die Unterstützung Geflüchteter ist oft mühselig und kleinschrittig. Um Ressourcen, Stärken und Resilienz zugänglich zu machen, benötigt es viel Zeit. Es benötigt Zeit, in Deutschland anzukommen, Informationen zu bekommen und zu verstehen, die basalen Bedürfnisse zu befriedigen. Das bedeutet, dass Klienten und Helfende diese Zeit und Geduld mitbringen müssen und über einen gewissen Zeitraum auch Nicht-Veränderung aushalten müssen:

»Jeden Tag die Last des Lebens sieben mal sieben male hochstemmen – rauf und runter, rauf und runter. Und schon nach ein paar Jahrzehnten wird sie federleicht«

(aus: Janosch, Wörterbuch der Lebenskunst, Gifkendorf 2016, © Janosch/Little Tiger Verlag, Gifkendorf).

10 Literatur

American Psychiatric Association (1994). Diagnostic and statistical manual of mental disorders (4th ed.). Washington: APA.

American Psychiatric Association (2013). Diagnostic and statistical manual of mental disorders (5th ed.). Washington: APA.

Anderson, H., Goolishian, H. (1992). The client is the expert. A not-knowing approach to therapy. In S. McNamee, K. Gergen (Eds.), Therapy as social construction (pp. 25–35). Newbury Park: SAGE.

Antonovsky, A. (1979). Health, stress and coping. New perspectives on mental and physical well-being. San Francisco: Jossey-Bass.

Antonovsky, A. (1997). Salutogenese. Zur Entmystifizierung der Gesundheit. Forum für Verhaltenstherapie und psychosoziale Praxis. Bd. 36. Tübingen: dgvt-Verlag.

Antonovsky, A., Sagy, S. (1986). The development of a sense of coherence and its impact on responses to stress situations. The Journal of Social Psychology, 126, 213–225.

Bandura, A. (1977). Self-efficacy: Toward a unifying theory of behavioral change. Psychological Review, 84 (2), 191–215.

Bandura, A. (1997). Self-efficacy: The exercise of control. New York: Freeman.

Becker, D. (2014). Die Erfindung des Traumas: Verflochtene Geschichten (2. Aufl.). Gießen: Psychosozial-Verlag.

Bengel, J., Meinders-Lücking, F., Rottmann, N. (2009). Schutzfaktoren bei Kindern und Jugendlichen. Stand der Forschung zu psychosozialen Schutzfaktoren für Gesundheit. Forschung und Praxis der Gesundheitsförderung. Bd. 35. Köln: BzgA.

Bonanno, G. A. (2004). Loss, trauma and human resilience. Have we underestimated the human capacity to thrive after extremely aversive events? American Psychologist, 59 (1), 20–28.

Bonanno, G. A., Westphal, M., Mancini, A. D. (2011). Resilience to loss and potential trauma. Annual Review of Clinical Psychology, 7 (5), 511–535.

Boss, P. (2008). Verlust, Trauma und Resilienz. Die therapeutische Arbeit mit dem »uneindeutigen Verlust«. Stuttgart: Klett-Cotta.

Egger, I., Walter, G. (2015). Flucht vor Not, Krieg und Folter als Kompetenzleistung. Kultur und Migration – Wege zwischen Flucht und Gestaltung, 33 (3), 102–108.

Ensor, M. O. (2014). Displaced girlhood: Gendered dimensions of coping and social change among conflict-affected South Sudanese youth. Refuge. Canada's Journal on Refugees, 30 (1), 15–24.

Freyberg, T. von (2015). Resilienz in der Pädagogik. Stärkung von Autonomie oder die Privatisierung sozialer Verantwortung? Vortrag im Rahmen des zehnjährigen Jubiläums der Stiftung medico international »Der Resilienzdiskurs in der Politik und in der Hilfe.« Zugriff am 02.10.2017 unter https://www.medico.de/fileadmin/user_upload/media/von_Freyberg_Resilienz_in_der_Paedagogik.pdf

Fröhlich-Gildhoff, K., Rönnau-Böse, M. (2015). Resilienz (4. Aufl.). München: Reinhardt.

Gehbauer, T. (2014). Jenseits der Hilfe beginnt die Solidarität. Gastbeitrag Frankfurter Rundschau. Zugriff am 06.01.2018 unter http://www.fr.de/politik/meinung/gastbeitrag-jenseits-der-hilfe-beginnt-die-solidaritaet-a-613056

Gukelberger, S. (2015). Resilienz und Protestkultur zwischen Beharrung und Innovation. Essay, Blog zu Das Paradox der Resilienz. medico international. Zugriff am 02.10.2017 unter https://www.medico.de/fileadmin/user_upload/media/Resilienz_und_Protestkultur_zwischen_Beharrung_und_Innovation.pdf

Hanswille, R., Kissenbeck, A. (2008). Systemische Traumatherapie. Konzepte und Methoden für die Praxis. Heidelberg: Carl Auer.

Hutchinson, M., Dorsett, P. (2012). What does literature say about resilience in refugee people? Implications for practice. Journal of Social Inclusion, 3 (2), 55–78.

Janosch (2016). Wörterbuch der Lebenskunst. Gifkendorf: Little Tiger Verlag.

Kabat-Zinn, J. (2013). Gesund durch Meditation. Das große Buch der Selbstheilung mit MBSR (2. Aufl.). München: Knaur.

Keilson, H. (1979). Sequentielle Traumatisierung bei Kindern. Deskriptiv-klinische und quantifizierend-statistische follow-up Untersuchung zum Schicksal der jüdischen Kriegswaisen in den Niederlanden. Stuttgart: Enke.

Kleefeldt, E. (2017). Wissen vom eigenen Nichtwissen – Herangehensweisen, Handlungsmöglichkeiten und Hürden in Beratung und Therapie junger Flüchtlinge. In B. T. Koch (Hrsg.), Junge Flüchtlinge auf Heimatsuche. Psychosoziales und pädagogisches Handeln in einem sensiblen Kontext (S. 34–47). Heidelberg: Carl Auer.

Kleefeldt, E., Meyeringh, J. (2017). Flucht und Migration in der Adoleszenz. Stuttgart: Thieme.

Korittko, A. (2017). Flucht, Trauma und Chancen der Genesung. In B. T. Koch (Hrsg.), Junge Flüchtlinge auf Heimatsuche. Psychosoziales und pädagogisches Handeln in einem sensiblen Kontext (S. 49–66). Heidelberg: Carl Auer.

Kriz, J. (2017). Subjekt und Lebenswelt. Personzentrierte Systemtheorie für Psychotherapie, Beratung und Coaching. Göttingen: Vandenhoeck & Ruprecht.

Laireiter, A. (1993). Soziales Netzwerk und soziale Unterstützung. Konzepte, Methoden und Befunde. Bern: Huber.

Laucht, M., Esser, G., Schmidt, M. H. (1999). Was wird aus Risikokindern? Ergebnisse der Mannheimer Längsschnittstudie im Überblick. In G. Opp, M. Fingerle, A. Freytag (Hrsg.), Was Kinder stärkt. Erziehung zwischen Risiko und Resilienz (S. 71–93). München: Reinhardt.

Lazarus, R. S., Launier, R. (1981). Stressbezogene Transaktionen zwischen Person und Umwelt. In J. R. Nitsch (Hrsg.), Stress. Theorien, Untersuchungen, Maßnahmen (S. 213–259). Bern: Huber.

Lenette, C., Brough, M., Cox, L. (2012). Everyday resilience: Narratives of single refugee women with children. Qualitative Social Work, 12 (5), 637–653.

Lösel, F., Bliesener, T., Köferl, P. (1990). Psychische Gesundheit trotz Risikobelastung in der Kindheit. Untersuchungen zur Invulnerabilität. In I. Seiffge-Krenke, (Hrsg.), Krankheitsverarbeitung von Kindern und Jugendlichen (S. 103–123). Berlin: Springer.

Loss, J., Wise, M. (2008). Evaluation von Empowerment – Perspektiven und Konzepte von Gesundheitsförderern. Ergebnisse einer qualitativen Studie in Australien. Gesundheitswesen, 70 (12), 755–763.

Maercker, A., Zoellner, T. (2004). The janus face of self-perceived growth. Toward a two-component model of posttraumatic growth. Psychological Inquiry, 15, 41–48.

Maslow, A.H. (1954). Motivation and personality. New York: Brandeis University.

Masten, A. S., Coatsworth, J. D. (1998). Resilience in individual development: The development of competence in favourable and unfavourable environments. Lessons from research on successful children. American Psychologist, 53 (2), 205–220.

Medico international (Hrsg.) (2017). Fit für die Katastrophe? Kritische Anmerkungen zum Resilienzdiskurs im aktuellen Krisenmanagement. Gießen: Psychosozial-Verlag.

Merk, U. (2015). Vom Trauma zur Resilienz. Anerkennung von Widerstandskraft oder Vorbereitung auf das Leben in einer unsicheren Welt? In Dr. med. Mabuse, 213, 28–30.

Mlodoch, K. (2017). Gewalt, Flucht – Trauma? Grundlagen und Kontroversen der psychologischen Traumaforschung. Göttingen: Vandenhoeck & Ruprecht.

Neocleous, M. (2015). Resisting resilience: Against the colonization of political imagination. Vortrag im Rahmen des zehnjährigen Jubiläums der stiftung medico international und Symposium »Der Resilienzdiskurs in der Politik und in der Hilfe« am 5. und 6. Juni 2015. Zugriff am 06.01.2018 unter https://www.medico. de/fileadmin/user_upload/media/Neocleous_Resisting_Resilience.pdf

Nestmann, F. (1991). Soziale Netzwerke und soziale Unterstützung. In B. Dewe, N. Wohlfahrt (Hrsg.), Netzwerkförderung und soziale Arbeit. Empirische Analysen in ausgewählten Handlungs- und Politikfeldern (S. 31–61). Bielefeld: Kleine.

Nestmann, F., Kupfer, A., Weinhold, K. (2014). Extratherapeutische Wirkfaktoren. Licht ins Schattenreich sozialer Einflüsse auf Beratung und Psychotherapie. Verhaltenstherapie und psychosoziale Praxis, 46 (2), 305–313.

Norris, H. F., Tracey, M., Galea, S. (2009). Looking for resilience: Understanding the longitudinal trajectories of responses to stress. Social Science & Medicine, 68, 2190–2198.

Oppedal, B., Idseo, T. (2015). The role of social support in the acculturation and mental health of unaccompanied minor asylum seekers. Scandinavian Journal of Psychology, 56 (2), 203–211.

Ottomeyer, K. (2011). Die Behandlung der Opfer. Über unseren Umgang mit dem Trauma der Flüchtlinge und Verfolgten. Stuttgart: Klett-Cotta.

Papadopoulos, R. K. (2006). ›Refugees and psychological trauma: Psychosocial perspectives‹. Invited contribution to ›Good Practice. Website Project‹. Zugriff am 10.05.2017 unter http://www. ncb.org. uk/dotpdf/open%20access%20-%20phase%201%20only/arc_1_. 10refandpsych.pdf

Papadopoulos, R. K. (2007). Refugees, trauma and adversity-activated development. European Journal of Psychotherapy and Counselling, 9 (3), 301–312.

Pulvirenti, M., Mason, G. (2011). Resilience and survival: Refugee women and violence. Current issues in criminal justice, 23 (1), 37–52.

10

Reddemann, L. (2015). Resilienz. Zeitschrift für Palliativmedizin, 16, 20–25.

Reddemann, L. (2017). Jeder Mensch hat einen heilen Kern. Psychologie heute, 2, 58–62.

Rosner, R., Powell, S., Butollo, W. (2003). Post traumatic stress disorder: Three years after the siege in Sarajevo. Journal of clinical psychology, 59 (1), 41–55.

Rufer, M., Schiepek, G. (2014). Therapie als Förderung von Selbstorganisationsprozessen. Ein Beitrag zu einem integrativen Leitbild systemischer Psychotherapie. Familiendynamik, 39 (4), 326–335.

Schreiber, V., Iskenius, E. L. (2013). Flüchtlinge: zwischen Traumatisierung, Resilienz und Weiterentwicklung. In Menschenrechte und Gesundheit, Amnesty-Aktionsnetz Heilberufe, 3, 1–12.

Schweitzer, R., Greenslade, J., Kagee, A. (2007). Coping and resilience in refugees from Sudan: a narrative account, Australian and New Zealand Journal of Psychiatry, 41 (3), 282–288.

Seligman, M. E. P., Csikszentmihalyi, M. (2000). Positive psychology. An introduction. American Psychologist, 55 (1), 5–14.

Southwick, S. M., Bonanno, G. A., Masten, A. S., Panter-Brick, C., Yehuda, R. (2014). Resilience definitions, theory, and challenges: interdisciplinary perspectives. European Journal of Psychotraumatology, 5, 1–14.

Tedeschi, T. G., Park, C., Calhoun, L. G. (1998). Post-traumatic growth: Theory and research in the aftermath of crisis. Mahwah: Erlbaum.

Ungar, M. (2004). A constructionist discourse on resilience: Multiple contexts, multiple realities among at-risk children and youth. Youth and Society, 35 (3), 341–365.

Welter-Enderlin, R., Hildenbrand, B. (2006). Resilienz. Gedeihen trotz widriger Umstände. Heidelberg: Carl Auer.

Werner, E. E., Smith, R. S. (1982). Vulnerable but invincible: A longitudinal study of resilient children and youth. New York: McGraw Hill.

Werner, E. E., Smith, R. S. (2001). Journeys from childhood to midlife: Risk, resilience and recovery. Ithaca: Cornell University Press.

World Health Organisation (1993). The International Statistical Classification of Diseases and Related Health Problems. Clinical descriptions and diagnostic guidelines (ICD-10). Genf: WHO.

World Health Organisation (in Vorbereitung). ICD-11. Genf: WHO.

Zaumseil, M. (2012). Der Diskurs über Trauma im Kontext von Katastrophen. Einsichten aus dem Umgang mit extremem Leid in
Java/Indonesien. Vortrag an der St. Petersburg State University.
Zugriff am 02.10.2017 unter http://www.ewi-psy.fu-berlin.de/
einrichtungen/arbeitsbereiche/klinische_psychotherapie/ehema-
lige-Professor_inn_en/mzaumseil/TRaumaDiskurs.pdf

Zubin, J., Spring, B. (1977). Vulnerability: A new view on schizophre-
nia, Journal of Abnormal Psychology, 86, 103–126.

EBENFALLS NEU IN DIESER REIHE

Silvia Schriefers | Elvira Hadzic
(Hg.)
**Sprachmittlung in
Psychotherapie und
Beratung mit geflüchteten
Menschen**
Wege zur transkulturellen
Verständigung

2018. 104 Seiten mit 4 Abb. und einer
Tab., Paperback
ISBN 978-3-525-45323-0

Dieser Leitfaden für die Praxis widmet sich den grundlegenden Facetten der Sprachmittlung in Beratung und Therapie mit Geflüchteten. Schwerpunkte liegen auf den Rahmenbedingungen der Beratung und Therapie mit Sprachmittlung, der Darstellung des Übersetzungsprozesses, Beziehungsdynamiken, Herausforderungen und auch Tabus, die sich aus der Konstellation mit Sprachmittlerinnen und Sprachmittlern ergeben können.

Der Band von Fachkräften für Fachkräfte gibt konkrete Arbeitshilfen an die Hand, schafft Orientierung und Handlungssicherheit für Praktizierende und geht vertiefend auf Aspekte wie beispielsweise Psychohygiene und sekundäre Traumatisierung ein.

Vandenhoeck & Ruprecht Verlage
www.vandenhoeck-ruprecht-verlage.com

EBENFALLS NEU IN DIESER REIHE

Alexandra Liedl
Psychotherapeutische Versorgung von geflüchteten Menschen
Konzepte und Methoden im interkulturellen Setting

2018. 92 Seiten mit 2 Abb und 3 Tab.,
Paperback
ISBN 978-3-525-45324-7

Alexandra Liedl beleuchtet zentrale Aspekte im interkulturellen psychotherapeutischen Setting. Dazu gehören der Umgang mit Postmigrationsstressoren, mit einem belastenden Alltag sowie der psychischen Symptomatik. Praxisnah und anhand zahlreicher Fallbeispiele beschreibt sie psychotherapeutische Methoden und Ansätze, die im interkulturellen Setting entwickelt und erfolgreich angewendet werden. Sie diskutiert Herausforderungen im interkulturellen psychotherapeutischen Setting wie die Arbeit mit Dolmetschern, Psychodiagnostik, die Rolle von sozialer Arbeit sowie den Umgang mit schwierigen Lebensbedingungen und kulturbedingten Missverständnissen.

Vandenhoeck & Ruprecht Verlage
www.vandenhoeck-ruprecht-verlage.com